SHODENSHA
SHINSHO

# 不祥事は財産だ

## ——プラスに転じる組織行動の基本則

樋口晴彦



祥伝社新書

# まえがき

本書は、同じく祥伝社新書として出版した「組織行動の『まずい!!』学」「『まずい!!』学 組織はこうしてウソをつく」に続く第3作である。

本書では、不祥事の実例として、「雑司《ぞうし》ヶ谷《や》下水道事故」「三菱化学鹿島事業所火災事故」「海上自衛隊イージス防衛秘密流出事件」「三井物産DPFデータ改竄《かいざん》事件」「日興コーディアル不正会計事件」「ジーエス・ユアサ循環取引事件」「シンドラーエレベーター死亡事故」「加ト吉循環取引事件」「赤福不適正表示事件」の9事例を取り上げた。いずれも最近に発覚あるいは発生したケースであり、読者にも馴染み深いものと思う。

このうち6事例については、日経情報ストラテジー誌（日経BP社）の2009年1月号から6月号に「事例で学ぶリスクマネジメント」として連載したものである。なお、同誌の掲載時には字数制限のため書ききれない憾《うら》みがあったので、本書に収録するに当たって大幅に加筆した。

読者の皆様には、以下の諸点についてあらかじめお断りする。

本書は、具体的な失敗事例を『他山の石』として研究し、リスク管理上の教訓事項を抽出することを目的として執筆したものであり、特定の個人または組織を非難する意図はまったくない。「不祥事は財産だ」というタイトルにも、その趣旨を込めたつもりである。

本書で紹介した事例については、できる限りの調査を行って正確性の確保に努めたが、あくまで公開情報に基づいて作業を進めたため、情報の不足や偏りなどに起因する事実誤認の可能性は否定できない。そのようなケースについては、ご指摘やご批判をお寄せいただければ有難い。

文中に登場する企業・人物については基本的に匿名で表示したが、上場企業または知名度が非常に高い企業およびその経営者であって、読者がその名前を既《すで》に承知していると考えられる場合には、敢《あ》えて匿名とする意味がないものと判断した。また、様々な要素が複合的に関係している事例については、読者の理解を促進するために、敢えて内容を単純化して説明しているのでご容赦いただきたい。

最後に、改めて確認する必要もないことだが、本書はプライベートの立場で執筆したものである。したがって、本書の中で示された見解は、私が所属する組織やその他の機関とは無関係であることを申し添えておく。

平成21年11月

樋口晴彦

目次

目次

# 第1章

# 危機管理の盲点

# 1―(1)　「マニュアルどおり」の危険性
## ――雑司《ぞうし》ヶ谷《や》下水道事故――

### オペレーターには話せない用件

先日、ある不祥事に関する調査報告書を入手しようと、X銀行の代表番号に電話を掛けたところ、コールセンターのオペレーターにつながった。同行では経費削減のために省力化を進めており、窓口業務はすべてコールセンターに外部委託しているらしい。「コンプライアンスの担当者につないでください」とお願いすると、そのオペレーターが、「お名前とご用件をお聞かせいただけますか」と返答した。ここで、私の悪い癖であるが、好奇心がむくむくと頭をもたげてきた。

「コンプライアンス関係の用事というだけでは、つないでいただけないのでしょうか」

「通常のお取引以外のお電話につきましては、お名前とご用件をおうかがいすることとなっております」

「コンプライアンス関係ということは、非常に微妙な内容かもしれませんよ。あなたがそれを聞いてもよいものでしょうか」

「まことに申し訳ありませんが、とにかくお名前とご用件をうかがわなければ、取り次げないことになっておりまして……」

オペレーターの方にはご迷惑をかけてしまって、本当に済まないことをした。しかし、このやり取りを通じて、X銀行がコールセンターに渡したマニュアルには、「通常取引以外の〝その他〟の電話については、オペレーターが氏名と用件を確認した上で、関係部署に取り次ぐこと」と書いてあることが推察できた。

一般論としては、この取扱いは決しておかしなものではない。しかし、コンプライアンス関係となれば話が違ってくる。取引内容についての苦情かもしれないし、社内の不正行為に関する通報かもしれない。そのような機微にわたる案件を、外部委託先のオペレーターに聴取させること自体が不適切と言わざるを得ないのだ。

例えば、不正行為を通報しようとする者の多くは、社内または取引先の関係者であり、自分が通報したことがバレたら報復を受けると危惧している。そのような人が、オペレーター相手にぺらぺらと用件を説明してくれるわけがない。絶対に信用できる者以外には、用件どころか自分の名前さえも明らかにしたくないはずだ。それでも「お名前とご用件をうかがわなければ、お取り次ぎできません」とオペレーターが硬直的に応対すればどうなるだろうか。不安になった通報者は電話を切り、せっかくの通報が埋もれてしまうことになる。

だからといって、オペレーター側に非があるわけではない。彼女はX銀行から提示されたマニュアルにしたがっているだけだ。また、そのマニュアルを作成したX銀行の担当者にも、苦情や内部通報を遠ざけようとする意図は毛頭なかったに違いない。しかし、「通常取引以外の〝その他〟の電話については、オペレーターが氏名と用件を確認した上で、関係部署に取り次ぐこと」とマニュアルに書けば、そのような結果をもたらす危険性があるのだ。

マニュアルとは、標準的な作業手順を指示する文書である。その文面にしたがって行動すれば、非熟練者でもそれなりに仕事をこなせるという点では重宝なものだ。その一方で、関係者の行動がマニュアルによって縛られることにより、マニュアル中の不用意な記述が、まったく予想もしていなかった問題を引き起こす場合がある。その典型が、2008年8月に東京都下水道局の雑司ヶ谷幹線で発生した死亡事故である。

## 急激に上昇した水位

雑司ヶ谷幹線は池袋方面から後楽園方面へと通じる下水道であるが、下水管が老朽化していたため、内壁をＦＲＰ樹脂によって被覆するＳＰＲ工法の工事が進められていた。19ページの現場平面図に示すとおり、事故現場は、上流側の№20人孔から下流側の№22人孔までの82・55メートルの区間である。管の寸法は、横２メートル×縦１・46メートルと窮屈で、成人男性だと腰を屈《かが》めなければ入れなかった。

当日の作業箇所は、№20人孔から64・73メートル下った位置の曲線部分（長さ９・５メートル）で、ＳＰＲ工法の準備作業として下水管を高さ400ミリの合板で堰《せ》き止め、管内に溜まっている水をポンプによって排水していた。本工事に従事していたのは、元請のＡ社、一次下請Ｂ社、二次下請Ｃ社の三社であった。

人員の配置は、管内にＢ社の職長（現場工事責任者）とＣ社の作業員５人の計６人、地上にＡ社の監理技術者（現場代理人）および気象担当者、そしてＣ社作業員３人の計５人、合わせて11人であった。管内への作業員や資機材の出入は№20人孔から行っていたが、地上作業員が管内作業員と連絡を取る際には、作業箇所まで８・32メートルと近い№22人孔を一時的に開けて、下水管の中に呼びかけるようにしていた。

当日の関東地方は前線が停滞して、大気の状態が非常に不安定であった。そのため現場では、９時の朝礼の際に「急に雷雨があると思うので、水位上昇時にはすぐ地上に出ること」

図－1　関連施設の位置図

図－2　施工区間図

現場平面図

図－３　平 面 図

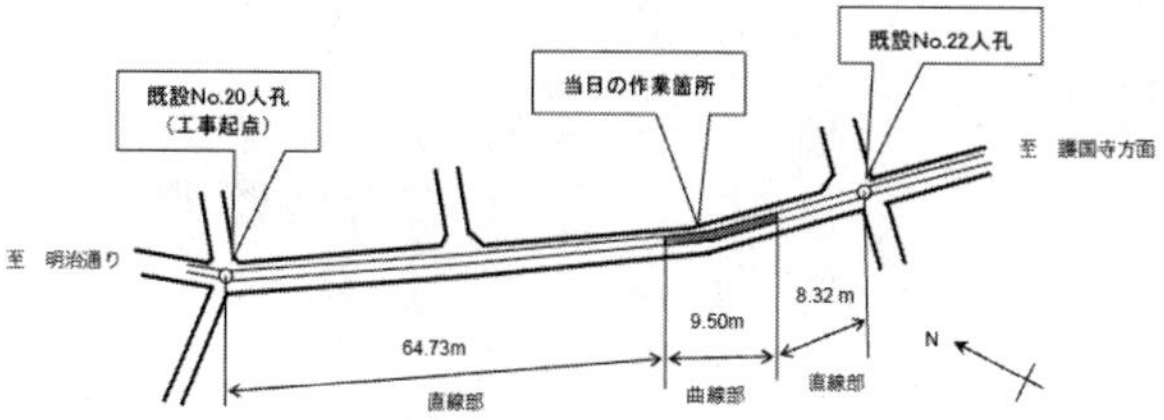


図－４　縦断面図

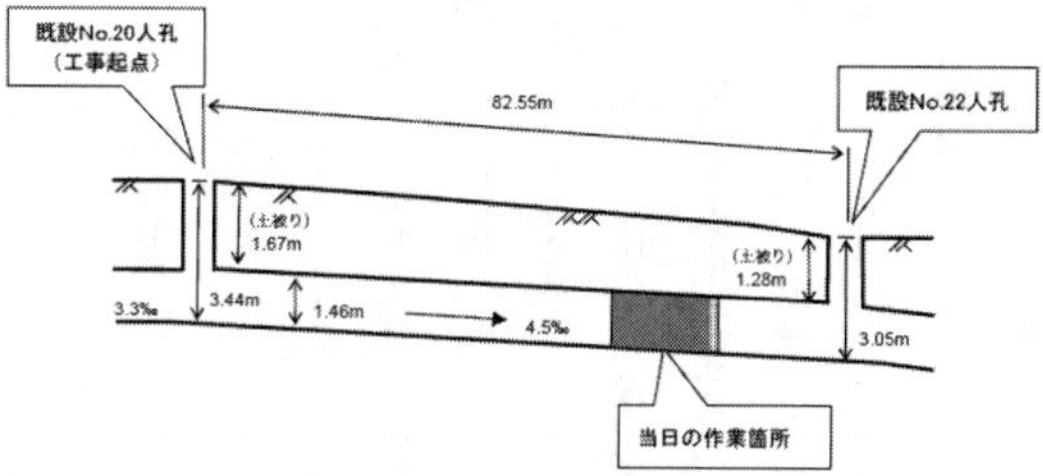


図－５　横断面図

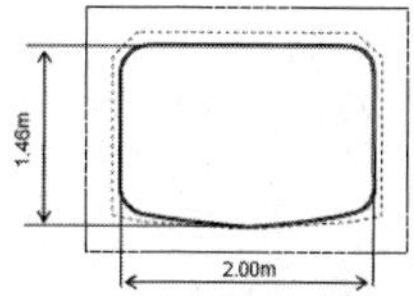


現場断面図

〈出典：雑司ヶ谷幹線再構築工事
事故調査報告書〉

と指示していた。下水管内での作業が開始されたのは11時のことだ。

11時30分頃、現場巡視に訪れた東京都下水道局の監督員が、「雨が降りそうなので注意するように」と指示した。これを受けて、気象担当者は携帯電話で気象情報にアクセスし、大雨注意報や警報が発令されていないことを確認した。同じ頃に上流の池袋方面では雨が降り始め、さらに11時35分には大雨洪水注意報が発令されたが、気象担当者はその事実を知らずにいた。リアルタイムに気象情報を配信するサービスを利用していなかったのである。

11時40分頃、池袋方面の降雨が強くなり、現場付近でも雨が降り始めた。先ほどの下水道局監督員が再び現場に立ち寄り、「雨が降ってきたので、十分に注意するように」とあらためて指示した。そこで気象担当者は、№22人孔から管内作業員にその旨を告げた。監理技術者も№22人孔に出向き、「雨のために作業が中止になるかもしれない」と呼びかけた。

11時50分頃、降雨が急に激しくなったため、監理技術者は№22人孔に戻り、管内の職長に退避するよう指示した。管内作業員は、下水道内の資機材を回収しながら、上流側の№20人孔へと退避を開始した。№20人孔で資機材の引き上げを手伝っていた地上作業員が「雨が降ってきたけど水位はどうか」と確認したところ、管内作業員から「結構増えてきた」との返事があった。その後、急激に水位が上昇した。

当時の雨量は、11時53分からの1時間で57・5ミリに達する激しさであった。コンクリートとアスファルトで覆われた都市部はもともと保水力が弱く、雨水がすぐに下水道に流れ込む上に、現場は周辺の48ヘクタールに降った雨水が集中する谷間状の地形であった。下水管の水位は見る間に増し、現場の水深は1・4メートルと満水状態となり、水の速度は毎秒3・6メートルに達した。この凄まじい水圧によって管内作業員は上流側に進めなくなり、やがて押し流された。

監理技術者が№22人孔付近で待機していたところ、管内から「開けてくれ」という悲鳴が聞こえた。そこで人孔の蓋を開けてみると、既に管内は満水であり、一人の管内作業員が足掛金具に必死にしがみついていた。そこで急いで縄梯子《なわばしご》を下ろしたが、この作業員は縄梯子を摑めずに流されてしまった。地上作業員たちは下流の人孔へ急行したが、流された作業員を発見することはできなかった。

その間に、№22人孔から垂らされたままの縄梯子を使って、別の管内作業員が地上に這い出てきた。激しい水流によって作業衣や靴を流され、下半身は下着姿となっていたという。この唯一の生存者は、「鉄砲水のように急に水が来た」と証言した。大雨洪水警報が発令されたのは、事故発生後の12時33分であった。

### 間に合わなかった退避

この2008年の夏は、局所的な集中豪雨、いわゆるゲリラ豪雨による水難事故が各地で発生していた。本事故の前月には、東京都大田区呑川《のみ》において護岸工事の作業員一人が逃げ遅れて死亡した。また、同28日には、神戸市で六甲山系の上流部に降った雨水が都賀川《とが》に流れ込み、川遊びをしていた小学生など5人が死亡していた。

そのため、本工事の関係者もゲリラ豪雨の危険性をよく認識しており、前述したように現場では相当な注意を払っていたのである。ちなみに、A社の監理技術者と気象担当者が業務上過失致死容疑で書類送検されたが、東京地検では、両名が注意義務を怠っていたとまでは言えないとして不起訴処分にしている。

それでは、関係者がこのように警戒していたのに、どうして事故を防ぐことができなかったのだろうか。実は、関係者が拠《よ》り所としていたマニュアルそれ自体に問題があった。

東京都下水道局の土木工事標準仕様書では、「雨天時の安全対策についての考え方」として、「請負者は、常に気象情報等に注意を払い、台風、集中豪雨などによる災害発生の恐れがある場合には、事前に現場を点検し必要な措置を講ずるとともに、点検結果及び措置内容を監督員に報告しなければならない」および「請負者は、当該施工箇所に係る気象区域に、大雨、洪水、暴風警報が発令された場合には、直ちにすべての工事を中止し、必要な対応を図らなければならない」としていた。

この規定を受けて、本件工事を元請けしたA社が作成したマニュアル（正式名称は「施工計画書」）では、気象担当者を現場に配置して気象情報を随時収集させるとともに、次のように作業中止基準を定めていた。

① 大雨・洪水警報あるいは注意報が発令された場合には、作業を中止して退避する

② ①に至らない少雨のときには、管内の水位を確認しながら作業を進め、水位の上昇が認められた場合には、作業を中止して退避する

前述のように気象担当者は、大雨注意報が発令されたことを承知していなかったので、本件に適用される作業中止基準は②となる。この場合に「水位の上昇」を判断する目安は、水位30センチ（作業員の膝の高さ）とされていた。これを逆に言えば、水位が30センチになるまでは作業を続行するということになる。しかし実際には、現場における水位の上昇が極めて急激だったために、このタイミングでは管内作業員の退避が間に合わなかったのだ。

これは雑司ヶ谷幹線の特性によるものであって、一般の下水道では、作業中止の目安を水位30センチとしても特段の問題はないだろう。また、たとえ雑司ヶ谷幹線であっても、本件

のようなゲリラ豪雨でなければ、退避するだけの時間的余裕があったはずだ。その意味では、目安を水位30センチとしたことを必ずしも間違いとは言えず、むしろ本件の状況がマニュアルの『想定外』だったと考えるべきである。言い方を換えると、『想定外』の状況にもかかわらず、関係者がマニュアルどおりに行動したことが被害を誘発したのである。

ここで、「本件のような事態を想定していなかったマニュアルそれ自体に問題がある」と多くの読者は考えたことだろう。しかし、現実の危機管理では、想定外の事態が発生することは決して珍しくない。むしろ、あらかじめ想定した範囲に危機が収まるほうが稀《まれ》である。最近の例では、豚インフルエンザ問題が挙げられる。かねてから警鐘が鳴らされていた強毒性の鳥インフルエンザ向けのマニュアルについては多くの企業が用意していたが、弱毒性の豚インフルエンザに対してはまったく準備がなかった。

危機管理の「危機」とは非定常的な出来事であり、様々なバリエーションが存在する。下水道工事を例に取っても、今回の集中豪雨の他に、地震や洪水などの自然災害、有毒物質やガソリンなどの可燃物の流入、管内の有毒ガスの滞留、老朽化した管の崩落、資機材の取扱いミス等々が列挙できる。さらに、事態がどれほど切迫したものとなるかは、危機の程度、現場の特性、作業員の体制や熟練度などの個別事情によって違ってくる。

したがって、危機管理のあらゆる局面を網羅するマニュアルを準備することは、現実問題として不可能と言ってよい。仮に作成できたとしても、何冊もの分厚いファイルになってしまう。そんなものは現場で持ち運びできないし、関係者が内容を覚えられるはずもない。したがって、実際の危機管理マニュアルの多くは、対象とする「危機」を発生の可能性が高いものに絞り込んだ上で、状況についても一般的なケースを念頭に置いて作成されている。その意味では、マニュアルというよりもガイドラインに近い。

このように危機管理マニュアルの内容に限界がある以上、それを運用する現場の側では、個別事情に応じて柔軟に対応を強化または追加（緩和または縮小する方向に柔軟になるのは、現場でのなし崩し的対応につながるので好ましくないことが多い）しなくてはいけない。通常業務ではマニュアルに示された作業手順を順守することが要求されるが、危機管理の場合には、状況に応じて臨機応変の措置を取ること、つまり応用動作が必要となるのだ。

これを本件に当てはめると、雑司ヶ谷幹線の特性およびゲリラ豪雨が各地で発生していた当時の状況に鑑《かんが》み、マニュアルよりも退避の判断要件をさらに厳格化すべきだったことになる。

臨機応変に行動できるようになるには、マニュアルに込められた考え方を理解しないといけない。「マニュアルにそう書いてあるからそうする」ではなく、「マニュアルにそう書いてあるのはなぜなのか」と考える姿勢を身につけるのだ。前述の豚インフルエンザ問題であれほど対応がちぐはぐとなったのは、マニュアルに盲目的に依存していた関係者が、想定外の事態に直面して思考停止に陥ってしまったためである。

## 安全を確保するには力ネがかかる

前述のように、本事件では、マニュアルにしたがったことで退避のタイミングが遅れてしまった。ただし、11時50分に監理技術者が退避を指示した段階で、直近の№22人孔から即座に脱出していれば、犠牲者の発生を回避することができたかもしれない。しかし実際に管内作業員が取った行動は、それとはかけ離れたものだった。現場から離れた№20人孔へ向かった上に、途中で資機材を回収しながら進んだことで、貴重な時間を浪費してしまった。これも、マニュアルの不備が原因である。

問題のマニュアルには、退避ルートをどう選定するかについて具体的な記述がなかった。そのため管内作業員は、通常の作業終了時と同様に、№20人孔から退避しようとしたのだ。下水道にかぎらず一般に当てはまることだが、退避に関するマニュアルを作成する場合には、作業を開始する前に迅速かつ確実に退避できるルートをあらかじめ検討させるとともに、そのルートを作業関係者に周知徹底させる旨を規定しなければいけない。

　さらに、問題のマニュアルには、「退避に当たっては、下水の流れを阻害するような物を処置せよ」と記載されていた。管内の資機材をそのまま放置して退避すれば、下水道を閉塞させるおそれがある。そのため、作業員は資機材を回収しようとしたが、それが生死の分かれ目となってしまった。「下水道が詰らないように処置せよ」という、一見すると当たり前に思われるようなマニュアルの記述が、現場作業員の行動を束縛し、危険行動を誘発したのである。

　ただし、マニュアルにその規定がなかったとしても、結局は作業員が同じ行動を取った可能性が高い。資機材を管内に放置すれば、破損あるいは滅失することになるが、その修理や購入には相当な費用を要する。また、新しい資機材の調達にはどうしても時間がかかるが、予定期日までに工事が終わらなければ、入札資格停止などの行政処分を受けるかもしれない。放置された資機材によって下水道が閉塞し、汚水が地上に溢《あふ》れ出て住宅の浸水などの被害が発生すれば、近隣住民から補償を請求されることも考えられる。

　要するに、資機材を回収しなかった場合、工事業者は極めて大きな負担を覚悟しなければならないということだ。中小企業にとってはまさに死活問題となる。そうだとすれば、現場関係者が「何とかして資機材を回収したい」という気持ちになるのは当然である。これを逆に言うと、工事業者に迅速な退避を要請するのであれば、それに伴って発生する損害を業者側に負担させないようにする制度的枠組みについて考えなければいけない。

ちなみに、本事件を受けて東京都下水道局では、「雨が一滴でも降れば、下水道作業を即刻中止し、資機材を放置して退避する」との新方針、いわゆる『一滴ルール』を発表した。工事業者としては、資機材を放置して退避するだけでも厳しいのに、さらに「雨が一滴でも」となれば、作業中止の回数が大幅に増加して大変なことになる。作業が中止になっても、現場の作業員には日当を支払わなくてはならないし、資機材のリース料も余計に支払わないといけないからだ。そのままでは、経営の苦しい零細業者が雨中でも隠れて作業を続行するようになって、現場の安全管理がかえって形骸化することも懸念される。

そこで東京都では、『一滴ルール』の導入に伴う経費の追加分について、工事業者と協議するための運用基準を作成した。それによると、現行の積算方式では雨天の割増分として全体工期に14％をあらかじめ加算しているが、『一滴ルール』による工事期日の延長がそれを超過した場合には、協議の上で超過分を東京都が補塡《ほてん》するとしている。また、迅速な退避により生じた機材の破損、周辺住民の被害についても同様である。

　重大事故が発生した場合に、今後の防止対策として新方針を発表するのは結構だが、東京都のように金銭面の裏付けをきちんとしているとは限らない。むしろ立場の弱い現場職員や下請業者側に一方的に負担を押し付けているケースが散見される。「安全を確保するにはカネがかかる」という当然の事実を直視することが必要であろう。

# 1―(2) リスク管理の死角となった下請会社

## ―三菱化学鹿島事業所火災事故―

**どうしてバルブが作動したのか**

茨城県神栖《かみす》市に所在する三菱化学鹿島事業所の第2エチレンプラントでは、ナフサ・灯油・軽油などを分解炉で熱分解することにより、石油化学製品の基礎原料であるエチレン・プロピレン等を生成して、鹿島工業地帯の取引先企業に供給している。

2007年12月21日、本プラントに設置された8基の分解炉のうち2F―208において大規模な火災事故が発生し、作業中の協力会社の社員4人が死亡した。また、本件事故により長期にわたって分解炉が使用不能となったことで、同社には、2008年3月期に112億円、2009年3月期に75億円の計187億円という巨額の損失が発生した。

問題の分解炉2F―208は、11階建ての高さ40メートルという巨大な塔状の構造物であり、次のような工程を担当している。第一段階として、タンクヤードから受け入れたナフサ等の原料を熱分解し、水素・メタン・エチレン・プロピレンなどの分解ガスに変化させる。

第二段階では、約８４０℃と高温の分解ガスを急冷熱交換器により約３７０℃まで冷却して、分解反応を停止させる。第三段階では、この分解ガスにクエンチオイル（ガソリン蒸留塔の底部に溜まる重質油）を噴霧し、約２００℃まで冷却した後にガソリン蒸留塔に送る。

本事故は、この第三段階にクエンチオイルを送り込む配管の部分で発生した。当時、２F―２０８は運転を休止して、炉の内壁に付着した炭素分をスチームと空気を用いて燃焼除去するデコーキングというメンテナンス作業を実施していた。このデコーキング作業の間は、問題の配管のフランジ部（管の接続部分にある鍔《つば》状の部品）に仕切板を挿入して、クエンチオイルの供給を遮断していた。

当日朝にデコーキング作業が終了したため、フランジ部の仕切板を抜く作業（仕切板入替工事）が、11時20分から２F―２０８の10階で開始された。作業者は下請協力会社の社員Ａおよびβである。さらに、三菱化学の社員１名と元請協力会社Ｓ社の社員２名が、この作業の監督や安全管理のために現場に配置されていた。

11時30分、仕切板が外された段階で、突如としてＡＯＶ（エア・オペレーティッド・バルブ：空気駆動弁）が作動した。これによって開放状態のフランジ部からクエンチオイルの漏出が始まり、やがてそれに着火した。流出したオイルは約１６５トン、鎮火するまでに12時間を要する大火災となった。この事故によって、作業者のAとB、そして本工事よりも下の階（8階または9階）で別件の断熱工事に従事していたCおよびD（別の下請協力会社の社員）の計4名が焼死した。

以上のように、本件事故の直接の原因は、仕切板入替工事の最中にAOVが誤作動したことである。この誤作動を防止するための対策としては、

・AOVを施錠すること

・AOVのエアモーターの駆動力となる空気元弁を閉じて脱圧しておくこと

の二点が挙げられる。いずれも現場で簡単にできる措置である上に、どちらか片方だけでも実施していれば、AOVは作動不能となったはずだ。それなのに、どうして事故を防ぐことができなかったのだろうか。

**安全確認リストの記載漏れ**

三菱化学では、工事の安全管理に関して以下の手続きを取っていた。

① 保全担当者、工事担当者、元請協力会社（S社）の三者による工事安全打合会を開催し、安全措置事項を決定する。

炎上する分解炉

〈出典：鹿島事業所第２エチレンプラント
分解炉 2F—208 事故報告書〉

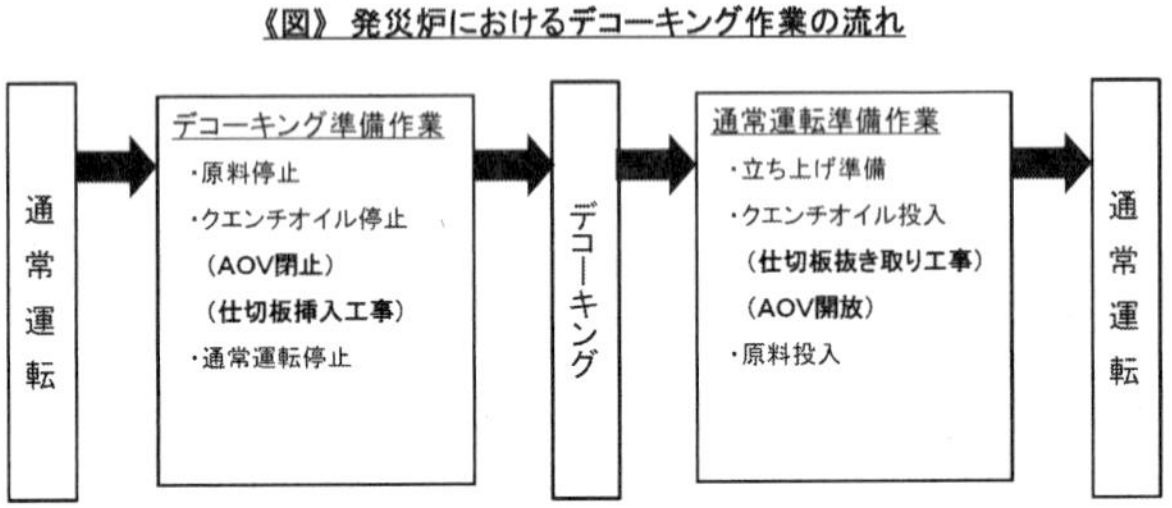


デコーキング作業の流れ

〈出典：三菱化学 HP〉

② 安全措置事項に基づき、工事担当者が「工事安全指示書」を作成し、グループマネジャーの承認を得る。

③ 安全措置事項に基づき、保全担当者が「安全養生図」を作成する。

④ 安全措置事項に基づき、運転担当者が「作業確認リスト」を作成し、グループマネジャーの承認を得る。

⑤ 作業開始前に運転担当者が「作業確認リスト」に基づき安全措置を実施する。

⑥ 運転担当者が実施した安全措置の状況について、「安全養生図」に基づき保全担当者が確認する。

問題の作業については、２００６年２月に工事安全打合会が開かれ、誤作動防止のためにＡＯＶに施錠するという安全措置事項が決定された。これを受けて工事担当者が作成した「工事安全指示書」には、作業開始前の措置としてＡＯＶの施錠がきちんと書いてあった。しかし、現場での確認の際に使用される「作業確認リスト」および「安全養生図」には、どういうわけか記載漏れとなっていた。そのため、作業現場において運転担当者はＡＯＶの施錠を実施せず、また、保全担当者は施錠状況を確認しなかったのである。

「作業確認リスト」の記載漏れは、工事安全打合会で決まった安全措置事項を運転担当者に伝達する際の齟齬《そご》が原因であり、「安全養生図」の記載漏れは、保全担当者のケアレスミスによるものだ。まさに典型的なヒューマンエラーであるが、こうしたエラーの発生を完全に防止することはできない。

教育訓練の反復によりエラーの発生頻度を減らすことは可能であるが、人間は機械でない以上、決してゼロにはならない。ヒューマンエラーとはそういうものだ。したがって、ヒューマンエラーが発生することを所与の前提とした上で、それを早期に発見するための方策を備えておくことが必要となる。

本件の場合には、グループマネジャーが「工事安全指示書」と「作業確認リスト」の両方を承認する制度になっていた。その際に両者の内容を突き合わせて確認していれば、AOV施錠の記載漏れを発見できたはずなので、ヒューマンエラーをチェックする仕組みは整備されていたと言えよう。問題は、そのチェックが実質的に機能していなかったことだ。

ハンコ文化の日本では、管理職ともなれば、やたらと多くの文書に判を押すようになる。それらの中身をいちいち精査していたのでは、いくら時間があっても終わらない。そのため、起案者がベテランだったり、ルーティン的な内容だったりした場合には、ざっと読み流しただけで決裁することが多い。

しかし、積み上げられた決裁文書の中には、本件のように、管理職が重大なエラーを防ぐための最後の砦となっているケースが混じっているかもしれない。要するに、『ハンコの重み』は文書によって大きく違ってくるということだ。その違いを見抜く眼こそが、管理職の見識というものだろう。

### 引き継がれない暗黙知

もう一つの安全措置であるAOVの空気元弁の閉止についても、作業確認リストには記載がなかったが、こちらは記載漏れというわけではない。「過去にAOVを使用した作業者が閉止操作をしているはず」との前提のもとに、デコーキングの際にあらためて操作する必要はないと判断していたのである。

この「〜のはず」という発想は、「同僚を信頼している」と表現すると格好良いが、要するに、自らが確認する手間を惜しみ、肝心なことを他人任せにしているだけだ。安全管理や危機管理では、「〜のはず」は禁物であることを再確認する必要がある。

次の問題として、ＡＯＶをその直前に使用した作業員は、どうして空気元弁を閉止していなかったのだろうか。

実は、通常業務のマニュアルには、閉止操作に関する規定がない。三菱化学側では、ＡＯＶを使用した者がその後始末をするのは「当然」であり、わざわざ文書にする必要はないと認識していた。卑近な例で申し訳ないが、トイレで用を済ませたら手を洗うのと同じ次元であり、そんな「当然」のことを、わざわざマニュアルに書くまでもないという考えだった。

しかし現場では、その「当然」が必ずしも励行されていなかったのだ。

「暗黙知」という言葉がある。明文化されたものではないが、業務を遂行する上で有用なノウハウとして現場で共有され、引き継がれていく知識を意味する。要するに、職場の常識ということだ。近年、この暗黙知が十分に伝承されず、現場の実力が低下する問題が浮上している。三菱化学のケースも、空気元弁の閉止操作という暗黙知がきちんと受け継がれていなかったことになる。

その原因としては、暗黙知を豊富に蓄積したベテランの大量退職によるところが大きいが、若い世代にコミュニケーション能力が不足している点も見逃せない。同世代の気の合う者としか会話をしない、妙にプライドが高く、よく分からないことがあっても質問をしない、ベテランとの飲みニケーションに付き合わない等々である。かくして暗黙知の伝承が不十分となったことで初歩的なミスが頻発し、以前では考えられなかったような態様の事故が起きるというわけだ。

そうなると、これまでと同様に暗黙知に多くを依存するのは危険と言わざるを得ない。暗黙知のマニュアル化を進めていくことがどうしても必要となるが、これがなかなか難しい。「こんな当然のことを、わざわざマニュアルにしなければいけないのか」と、現場のベテランたちが反発するからだ。

また、マニュアルを作る以前の問題として、業務関係の指示説明を文書にすることをそもそも軽視している職場も珍しくない。三菱化学にも、次の二件の事故（いずれも人的被害なし）が示すように、本来は文書で行うべき指示を口頭で済ませる職場風土が存在したようだ。

・１９９８年5月、工事内容の確認や着工許可を口頭で行ったために指示内容が徹底されず、間違って安全弁を取り外したことにより可燃性ガスが漏洩

・２００４年12月、臨時作業のドレン抜きに当たって、作業安全指示書を作成せずに口頭指示で実施したために作業方法にばらつきが出て、可燃物が漏洩して火災が発生

本題からは外れるが、閉止操作が励行されなかった背景として、設備面の問題も見逃せない。他のプラントではＡＯＶの操作スイッチと空気元弁が近接しており、一連の操作で弁の開閉を行うことが可能だった。しかし本件事故箇所では、両者の位置が十数メートル離れ、操作が非常に不便となっていた状況が認められる。こうした「不便さ」や「面倒くささ」が、日常の惰性と結びついて、現場での作業を変質させることに注意が必要である。

### 見落とされていたリスク

以上のように、安全措置が欠落していたことによって、ＡＯＶは作動可能な状態のままであった。いわば安全装置を外した拳銃のようなものだ。非常に危険ではあるが、引き金を引かない限り弾丸が飛び出すことはない。本事件において「引き金」となったのは、仕切板入

替工事の最中にAOVの操作スイッチが入ったことだった。

問題の仕切板は相当に重量があるので、天井の滑車（床面からの高さ約2・3メートル）から吊るしたチェーンを使って運搬することになっていた。このチェーンがスイッチに接触した。つまみを上下に動かす簡便な方式のスイッチだったため、この程度の接触でもオンになってしまったのだ。

このような接触事故を予防するには、スイッチのところに保護カバーを取り付ければよい。カネも時間もかからない上に、効果も確実である。実は三菱化学でも、作業現場のスイッチの多くに保護カバーを取り付けていたが、問題のスイッチにはカバーがなく、むき出しの状態だった。床面から2メートルという高い位置にあったので、作業員の身体や機材が接触するおそれはないと判断し、保護カバーを付けていなかったのである。

たしかに2メートルもの高さがあれば、一般の作業では簡単に接触することはない。仮に接触してスイッチが入ったとしても、クエンチオイルが管内を流れていくだけで、あまり大した事態にはならないはずだ。しかし、仕切板入替工事の場合にはそうはいかない。

天井から吊るしたチェーンを使って作業をするため、スイッチに接触する可能性は俄然高くなる。さらに、このチェーンを操作する時（＝取り外した仕切板を運搬する時）には、フランジ部は開放状態となっているので、スイッチが入ればオイルが管外に漏出する。要するに、仕切板入替工事の場合には、スイッチに接触するリスクも、その場合に生起する事故も、格段に大きくなるというわけだ。

それに加えて、他の作業者の安全についても視野に入れる必要がある。前述のようにCとDは、階下で別件の断熱工事を行っていて被災した。三菱化学では、定期修理の期間をできるだけ短縮する（＝プラントの稼働率を向上させる）ために、同時並行的に作業を進めていたのである。しかし、フランジ部からオイルが漏れれば、重力の作用で階下に流れ落ちていくので、この時に工事箇所よりも下の階で作業をしていれば、そちらにも被害が及ぶのは自明のことだ。

本来であれば、このように工事内容を個別に検討してリスクの再評価を行い、操作スイッチに対する保護カバーの装着や、階下での作業中断などの安全措置を取るべきところだ。しかし、工事安全打合会に参加した保全担当者、工事担当者、元請協力会社の三者に、そこまで期待するのは無理かもしれない。彼らは、工事の計画や監督をするだけで、現場の作業は下請会社にまかせきりである。そのような立場の者が、作業の中に隠れ潜んでいるリスクの存在になかなか気付くはずがないからだ。

さらに厳しいことを言えば、安全対策の不備によって危害を被るのは彼らではない。本事故で亡くなった4人がいずれも下請会社の社員という事実が示すように、現場で3K業務に従事しているのは、どこかの零細な下請会社の、名も顔も知らぬ作業員たちだ。そうなると、どうしても他人事という心理に陥って、真剣さが薄れがちである。また、先ほど説明した記載漏れなどのヒューマンエラーも、それだけ発生しやすくなる。

これを逆に言うと、実務上のリスクを最もよく把握し、なおかつ安全対策の検討に最も真剣になれるのは、実際にその作業に従事する下請会社の作業員たちということだ。しかし、彼らが工事安全打合会に参加することはない。下請という弱い立場にあるために、安全管理に関して蚊帳の外に置かれているのだ。

### 下請会社とのコミュニケーション不足

近年、経費削減を目的とする競争入札が一般化したことにより、発注者と協力会社の関係が皮相的・一時的なものへと変化しつつある。特に、元請会社のような技術力やマネジメント力を有していない（＝交渉力が弱い）下請会社は、まさに「消耗品（expendable）」並みに扱われている。このように下請会社の地位が著しく不安定になった結果、発注者との心理的距離が懸隔し、両者のコミュニケーションのギャップが拡大したことが、リスク管理上の新たな問題として浮上している。

下請会社の側では、作業の過程で気付いた点や要望事項があったとしても、発注者や元請会社の機嫌を損ねないように、初めから自主規制して何も言おうとしない。発注者側でも、入札のたびに下請会社が変わって面倒である上に、事前検討の段階では入札が未実施なことも多いため、元請会社だけを相手に話を進めることになる。かくして下請会社から発注者に対するコミュニケーションは途絶する。

その一方で、発注者側の意向や方針を下請会社に伝達するのも決して容易ではない。元請会社から1次下請会社、2次下請会社へと連なる「伝言ゲーム」の過程で、内容が微妙にズレたり、変質したりする。たとえしっかり伝達できたとしても、競争入札で別の下請会社が受注すれば、一からやり直しとなる。また、伝達を受けた下請会社が、それをきちんと社員に教育するとは限らない。もともと社員の定着率が低い上に、発注者との取引がいつまで続くか分からないとなれば、社員教育にあまり手間をかけられないからだ。

その結果、現場で働いている下請会社の社員に、発注者の意向や方針を浸透させることが相当に難しくなっている。その案件が日常的な作業要領でなく、普段は必要がない話となればなおさらだ。その最たるものが緊急時の対処要領である。三菱化学の事故でも、下請会社の社員にまで退避要領が徹底されていなかったことが、被害の拡大につながった。

クエンチオイルの漏洩が始まった段階で、瞬時に火災が発生したわけではない。少なくとも数秒程度のタイムラグが存在した。したがって、A、B両名が即座に正しい方向に退避していれば、現場から脱出することが可能だった。しかし実際には、クエンチオイルの流出を止めようとして貴重な時間を消費した上に、火災発生後にもBが適切な方向に退避できずに奥に取り残された。この時にAは、三菱化学社員などと一緒に安全な位置まで一旦退避していたが、後輩のBを救出しようと現場に引き返してしまった。かくして二人が被災するに至ったのである。

現実問題として、下請会社の社員に退避のタイミングや退避ルートなどを徹底させるのは、決して簡単なことではない。しかし、火災の危険が常に存在する石油化学プラント内で働かせている以上、三菱化学としては、退避要領をきちんと教育する責任から免《まぬか》れることはできないのだ。

繰り返しとなるが、経費削減のために協力会社を「消耗品」扱いすれば、協力会社との関係は希薄とならざるを得ない。そのコミュニケーションのギャップが、本事件のような新た

表　石災法関係の異常現象の原因別発生状況

| | 総件数 | ハード要因 | | ソフト要因 | | その他 |
|---|---|---|---|---|---|---|
| | | 設備の設計・構造の不良 | 設備の維持・管理の不良 | 管理・操作基準の不備 | 運転・工事に係るミス | |
| 2003年 | 11 | 0 | 5 | 1 | 5 | 0 |
| 2004年 | 8 | 1 | 4 | 0 | 3 | 0 |
| 2005年 | 6 | 0 | 2 | 1 | 3 | 0 |
| 2006年 | 21 | 0 | 9 | 2 | 9 | 1 |
| 2007年 | 25 | 2 | 9 | 1 | 10 | 3 |

〈出典：三菱化学㈱鹿島事業所火災事故調査等委員会報告書〉

なリスクを生み出すことになる。この新しいリスクに対して何らかの対策を取ろうとすれば、相当な時間とコストが必要となる。言い換えれば、協力会社に無理無体なことをすれば、いつか自分でそのツケを払わなければいけないということだ。

**製造現場に共通する問題**

実は、三菱化学鹿島事業所が属する鹿島コンビナート全体でも、表が示すように、石油コンビナート等災害防止法（石災法）関連の異常現象の件数が２００６年および２００７年に急増している。

その内訳としては、「設備の維持・管理の不良」および「運転・工事に係るミス」の増加が著しい。後者の「運転・工事に係るミス」が作業員に起因することはもちろんだが、前者の「設備の維持・管理の不良」についても、経年劣化を原因とする件数は、2006年に1件、2007年に2件にすぎない。要するに、異常現象の急増は、機械設備に問題があるわけではなく、それを取り扱う人間の側に起因しているということだ。

そこで、鹿島コンビナート内で危険物の取扱量が大きい39事業所に対してアンケート調査を実施したところ、次のような状況が判明した。

・〈リスク管理に関して〉「保護対策等を検討しリスク再評価を実施」との回答は27事業所（69・2％）にとどまった。現状の問題点としては、16事業所（41・0％）が「リスク管理の知識を有する社員が少ない」、11事業所（28・2％）が「リスク管理に経費と時間が掛かりすぎる」と指摘した。

・〈工事管理に関して〉「安全打合せ等で工事の危険性とそれに対する保護対策を周知」と38事業所（97・4％）が回答する一方で、17事業所（43・6％）が「事業所の安全方針や安全文化を協力会社に浸透させるのが難しい」、8事業所（20・5％）が「作業基準等の遵守が徹底しない」と回答した。

・〈技術・技能の伝承に関して〉「若手に伝承教育を実施している」と34事業所（87・2％）が回答する一方で、「着実に技術・技能伝承がなされており問題はない」との回答は、わずか7事業所（17・9％）にとどまった。

・〈発災時の対応に関して〉「通報訓練を実施している」と全事業所が回答する一方で、「避難訓練を実施している」は29事業所（74・4％）にとどまり、さらに11事業所（28・2％）が「通報連絡中心の規程しかなく避難体制が弱い」と回答した。

以上の回答内容を要約すると、「現場でのリスク管理が必ずしも十分でない」「現場において安全管理が必ずしも徹底されていない」「現場における技術・技能の伝承が必ずしも十分に進展していない」「発災時に備えた訓練が必ずしも十分でない」となる。つまり、本事故に関して指摘した諸点は決して三菱化学に特有なわけではなく、鹿島コンビナート全体の問題ということだ。

これを対岸の火事として見ていられる企業は、果たしてどれほどあるだろうか。ベテランの大量退職とそれに伴う技能伝承の断絶、そして協力会社とのコミュニケーションのギャップは、業種の垣根を越えて、あらゆる製造現場に共通するといっても過言ではない。その意味で、本事故は日本社会が抱えている構造的問題の縮図と考えられるのだ。

# 1—(3) 被害を拡大させた抜本的対策の遅延
## —海上自衛隊イージス防衛秘密流出事件—

### 漏洩したイージス情報

２００９年４月５日、国際社会の度重なる中止要請を無視して、北朝鮮がミサイルの発射実験を強行した。この時に海上自衛隊では、我が国内にミサイルが落下する場合に備え、迎撃ミサイルＳＭ３を搭載したイージス護衛艦「こんごう」「ちょうかい」「きりしま」を出動させて監視活動を行った。

この三隻が装備するイージスシステムは、米海軍によって開発された最新鋭の戦闘システムである。高性能レーダーによって敵航空機などの目標を多数同時に探知し、自艦の対空ミサイルを発射して迎撃する能力を有する。まさに最高レベルの軍事機密と言ってよいが、そのイージスシステムに関する防衛秘密が流出するという重大事件が発生した。

発端は、２００７年１月、海上自衛隊の護衛艦「しらね」乗組員の２等海曹Ａの自宅を神奈川県警が捜索したことだ。同人の中国籍の妻が偽造旅券で不法入国したという出入国管理

海上自衛隊のイージス護衛艦
〈出典：海上自衛隊 HP〉

法違反であり、普通であれば新聞にも載らないほどのありふれた事件である。ところが、この時に県警が押収した外付けHD（ハードディスク）の中から、こともあろうにイージス防衛秘密が発見されたのである。

ここで防衛秘密について簡単に説明しよう。事件当時、防衛省が取り扱っていた秘密情報は次の二種類に大別されていた。

・「省秘」　隊員が職務上知ることのできた秘密　（根拠法規は自衛隊法第59条、罰則は1年以下の懲役又は3万円以下の罰金）

・「防衛秘密」　日米相互防衛援助協定等に基づき米国から供与された装備品の構造、性能等に関する秘密　（根拠法規は秘密保護法第1条、業務として防衛秘密を取扱う者に対する罰則は10年以下の懲役）

罰則の重さが格段に違うことから分かるように、「省秘」よりも「防衛秘密」のほうが、はるかに機密性が高い。これは、米国との安全保障関係の保持に関わる問題であるからだ。そこで海上自衛隊では、「Need to Know の原則（情報は知る必要がある者のみに伝え、知る必要のない者には伝えない）」のもとに、防衛秘密を取り扱う職員を必要最小限に限定していた。具体的には、

①　秘密保護の適格性の証明　秘密保護の適格性について海上幕僚監部の審査を受け、秘密保護適格証明書を交付されていること

②　秘密取扱者としての指定　保全責任者である所属部隊長から秘密の取扱者としての指定を受け、防衛秘密関係職員指定簿に登録されていること

の二要件を充足する職員だけが取扱いを許されていた。さらにその場合でも、取り扱う防衛秘密の範囲は、防衛秘密関係職員指定簿に記載された所掌事務の範囲内に厳しく限定されていたのである。

問題の2等海曹Aは、イージス防衛秘密の取扱資格を有していなかった。また、Aが乗り組んでいた護衛艦「しらね」はイージス艦ではなく、さらに本人は兵器の運用担当者でもなかったので、Aにとってイージス防衛秘密はまさに無用の長物であった。それにもかかわらず、この秘密情報をどこからか入手し、しかも自宅に持ち込んでいたのである。

神奈川県警において捜査を進めた結果、3等海佐Bが漏洩した防衛秘密が隊員の間で広範囲に拡散していた事実が判明した。Bは秘密保護法違反容疑で起訴され、２００８年10月に横浜地裁において懲役2年6月（執行猶予4年）の有罪判決を受けた。さらに、Bを含む38名の自衛官が懲戒処分（うち3人が免職、17人が停職）を受けるという一大不祥事に発展し

たのである。

### ネズミ算の情報流出

海上自衛隊の艦艇開発隊（神奈川県横須賀市所在）は、護衛艦に搭載するシステムの開発、改善および維持管理を担当する重要部署であり、イージス防衛秘密も取り扱っていた。同隊では、１９９７年から２０００年にかけて、開発隊内部の教育用資料として「イージス概要」と題するパワーポイント教材を作成した。その中の10枚のシートには、係員が米国留学中に教育を受けたイージス防衛秘密が含まれていた。

問題の３等海佐Ｂは、２００１年９月に艦艇開発隊に配属となり、同隊が保有するすべての防衛秘密（イージス関係を含む）の取扱資格を与えられた。２００２年４月、Ｂが米海軍の「イージスシステム幹部課程」に留学することが決まったため、上司が「イージス概要」を用いてＢに事前教育を実施した。

その際にＢは、参考資料として「イージス概要」を留学先に持参したいと上司に申し出て、自分用の官品ＰＣにコピーした。同年５月から７月にかけて開催された「イージスシステム幹部課程」には、隊員に各種兵器の操作技能を教育する第１術科学校（広島県江田島市所在）で教官を務めていた3等海佐Cも参加していた。

帰国後の2002年8月、Cは第1術科学校において「イージスシステムの概要」と題する教科を担当することとなり、その講義で使用する教材についてBに資料提供を依頼した。Cはイージス防衛秘密の取扱資格を有しておらず、Bもそのことを承知していた。しかし、留学中にいろいろと世話になった先輩の希望に応えたいとの気持ちから、「イージス概要」をコピーしたCDをCに郵送した。

2002年10月、Cは同僚教官の1等海尉Dからイージスシステムの教育について相談を受け、Dに「イージス概要」のCDを貸し出して閲覧させた。この「イージス概要」を詳しく勉強したいと考えたDは、Cが一時的に席を離れた間にファイルを私有PCにコピーした。2003年9月、Dは護衛艦「しまかぜ」に転出したが、その際に「イージス概要」を保存したCDを艦内に持ち込んだ。

2004年2月、「しまかぜ」乗組員の2等海曹Eが第1術科学校に入校することを知ったDは、今後の勤務の参考資料にせよとの趣旨で、「イージス概要」を別のCDにコピーしてEに手交した。その後Eは、「イージス概要」を保存した私有PCを第1術科学校内に持ち込んだが、同じ居住区の海士長Fから何か参考資料をくれないかと求められた際に、「イージス概要」をCDにコピーしてFに手交した。

２００４年8月、Fは護衛艦「はつゆき」に転出し、その際に「イージス概要」を保存した外付けHDを艦内に持ち込んだ。翌年2月、Fは居住区が同じであったAに外付けHDを貸し出し、「イージス概要」をコピーさせた。以上が、A宅で発見されたイージス防衛秘密の流出ルートであるが、話はそれだけにとどまらなかった。

第1術科学校では、「イージス概要」を授業の教材として繰り返し使用していたのである。つまり、相当数の隊員が授業中にイージス防衛秘密を目にしていたというわけだ。さらに同校の教官は、「イージス概要」を収めたCDやMOを隊員に貸し出し、あるいは隊員の私有USBメモリに直接コピーさせたりしていた。

こうして第1術科学校で入手した情報を隊員たちは自らの部署に持ち帰り、そこで同僚の求めに応じて気軽にコピーさせた。そして、コピーさせてもらった隊員が、また別の隊員にコピーさせるという繰り返しにより、広範囲にわたってネズミ算的に防衛秘密を流出させたのである。

## 防衛秘密を漏らした事情

Bは秘密保護に関する部内教育を受講済みであり、秘密情報の取扱いに関する十分な知識を有していた。さらに、「イージス概要」の中に防衛秘密が含まれていることも、Cがその取扱資格を有していないことも認識していた。それにもかかわらず、Bが「イージス概要」をCに提供した理由としては、次の四点の事情が挙げられる。

その第一は、先輩に対する遠慮である。BとCの階級は同じ3等海佐だが、軍隊組織の序列からすれば、先に3等海佐に昇任したCのほうが上官となる。ただし、二人の所属部署が異なっているので、CはBに対する指揮権を有していない。つまり、CがBに何かを要求したとしても、それは決して「命令」ではない。

しかし、海上自衛隊では伝統的に先輩・後輩の関係が非常に強く、先輩が熱心に後輩の面倒を見る一方で、先輩から依頼されたら後輩は断ることができないという組織文化が存在した。要するに、一昔前の体育会系の世界である。そこでBとしては、留学中にいろいろと世話になったC先輩から依頼を受けた以上、できる限りの便宜を図らなければいけないと考えてしまったのだ。

第二の事情は、秘密保護の必要性が小さかったことだ。問題の「イージス概要」は防衛秘密ということで刑事裁判には黒塗りで提出され、その詳細は明らかでない。しかし筆者は、これらの情報はさほど重要なものではなかったと推測している。

米国製兵器の中枢部分には、「ブラックボックス」と呼ばれる区画がある。日本語に訳せば「奥の院」といったところだろうか。その兵器を購入した国でさえも、ブラックボックスには一切触れることができない。購入時にそういう契約を結ばされているのだ。このブラックボックスによって、米国は重要な軍事技術の流出を防止している。

イージスシステムは、それ自体が一つの巨大なブラックボックスと言ってよい。米国では、イージスシステムの操作方法を海上自衛隊に教えるだけで、システムの根幹に関わる重要情報については、そもそも日本側にまったく説明していないのが実態である。そうである以上、今回流出した情報も大したものであるはずがない。

その状況証拠となるのは、これほどの情報流出事件が発生したにもかかわらず、米海軍ではイージスシステムの大規模改修を行った形跡が見当たらないことだ。米国は「日本での対応を信頼して……」というような甘いタマではない。システム改修を行わなかったのは、流出した情報がさほど重要ではないことを承知していたからだろう。実際のところ、イージスシステムの基本性能については、ジェーン年鑑などの市販の軍事情報誌で詳しく紹介されている。本件で流出した情報もその程度と考えられるのだ。

「いやしくも防衛秘密である以上、もっと高度な内容ではないのか」と疑問に思った読者がいるかもしれないが、防衛秘密かどうかを決めるのは日本側ではない。米国が秘密だと言えば、防衛秘密となってしまうのである。そして、米国との取引経験がある方はよくご存知だろうが、米国人は、何にでも「Confidential（秘密）」のスタンプを押しまくる傾向がある。Bはイージスシステムに精通していただけに、この程度の情報ならば実質的に秘密保護の必要がないと判断して、Cに「イージス概要」を提供したと推察される。

第三の事情は、情報提供先のCが秘密保護の適格者だったことだ。第1術科学校でも様々な秘密情報を取り扱っており、その中には米国製兵器に関する防衛秘密も含まれている。同校の教官であるCも、秘密保護適格証明書の交付を受けるとともに、防衛秘密関係職員指定簿に登録されていた。しかし、同校で教育するのはイージスシステムの概要までで、イージス防衛秘密を使用した教育は所掌外とされていた。そのためCも、「Need to Know の原則」に基づき、イージス防衛秘密の取扱資格を与えられていなかった。

それでもCは、秘密保護の適格性を認証された幹部自衛官である。さらに言えば、Bとともに米国での「イージスシステム幹部課程」に留学し、イージスシステムに関する専門知識を既に身につけている。したがって、ここでイージス防衛秘密をCに提供したところで、実質的には問題がないとBは考えたのである。

第四の事情は、隊員教育の重視である。米軍は、太平洋戦争中の日本陸海軍について、高級将校は思考が硬直的で作戦がワンパターンだが、下士官は非常に勤勉で優秀であると評した。この『伝統』は自衛隊にも脈々と受け継がれている。例えば、対空ミサイルの発射競技会で自衛隊はいつも本家本元の米軍を上回る成績を収めているが、これも兵器を実際に操作する隊員たちの職人芸によるものだ。このように隊員たちに対する依存度が大きいことから、自衛隊では隊員教育に相当に力を入れている。

前述のようにイージス艦は、日本の海上防衛力の根幹を形成している。この最高軍事技術を隊員に習得させるという重要目的のためであれば、防衛秘密を『柔軟』に取り扱うのもやむを得ないとBは考えたのだ。ちなみに、第1術科学校内におけるイージス防衛秘密の拡散も、教育効果を少しでも向上させたいとの教官側の熱意から、教材をコピーすることを隊員に許容していたものだ。

## 情報管理の二律背反

以上に示した四点の事情は、一般的には、否定されるべき性質のものではない。先輩・後輩の人間関係は、組織の垣根を越えて迅速かつ柔軟に情報交換や業務連携を進められるという大きなメリットがある。形式主義に陥らずに物事を実質面で判断していくのも非常に重要なことだ。そして、どのような組織にとっても、人材育成が最も優先すべき課題であることは言うまでもない。

しかし、秘密情報の取扱いに当たっては、このような個人レベルでの配慮や判断が入る余地はまったくない。規則に定められた手続きをひたすら遵守することだけが要請される。ある意味で、官僚的な形式主義こそが情報保全の理想なのである。

「そうなると、情報の取扱いが雁字搦《がんじがら》めになって、今度は情報をタイムリーに利用できなくなるのではないか」と感じられたことだろう。そのとおりである。情報の管理に当たっては、「迅速で柔軟な情報利用」と「煩雑で硬直した情報保全」という二律背反が常に存在するのだ。

前者の情報利用を優先するのであれば、情報保全の手続きは簡素とならざるを得ず、それだけ情報流出のリスクは高くなる。また、後者の情報保全を重視すれば、必然的に手続きは煩雑となって、前者の情報利用が阻害されることになる。まさに「あちらを立てれば、こちらが立たず」というわけだ。

このように情報利用と情報保全は基本的にトレードオフの関係にあるため、両者の間でどのようにバランスを取るかが問題となる。ただし、一律にこうすればよいというものではない。例えば、研究開発などの創造力を重視する分野では、情報利用の自由度を高めることが不可欠であるが、ルーティン的な業務については、情報保全を厳しくしても大きなマイナスとはならない。業務の実情をよく勘案した上で、情報利用と情報保全の妥協点を模索すべきである。

日本では、自衛隊と同様に情報利用を重視し、部内での情報の共有を促進する一方で、情報保全の面で弱体な組織が少なくなかった。しかし、情報流出事案が近年続発したことを受けて、その見直しを余儀なくされている。これまでのところは、秘密保護に関する規則類はそれなりに整備されてきたが、その内実は依然としてお寒いものだ。これは、情報保全に対して十分なコストをかけていないためである。

情報保全というのは非常に面倒くさく、時間も手間もかかる。率直に言えば、このような後ろ向きの仕事は誰だってやりたくない。これまで情報保全のことをあまり考えずに、のびのびと仕事をしていた職場ならばなおさらだ。そのような気持ちが心の底にある以上、いかに規則類をきっちり定めたとしても、現場の従業員はついつい惰性に流れ、ルーズな運用がはびこりがちである。

その対策としては、情報保全の状況をしっかり監視するとともに、情報保全に要する諸手続をできるだけスムーズにして、現場の負担を少しでも軽減することが有効である。ただし、それには情報保全関係のスタッフを増員したり、システムや各種機材を充実させたりすることが必要となる。つまり、相当なコスト負担を覚悟しなければいけないのだ。

これを逆に言うと、情報保全のコストをケチれば、現場では情報取扱いのルールが守られなくなり、「仏作って魂入れず」の状態に陥ることになる。自衛隊は、まさにその悪い見本のような組織だった。

**職場に持ち込まれた私物ＰＣ**

自衛隊では、護衛艦や戦闘機、戦車といった主力兵器には、まさに目の玉が飛び出るほどの経費を使っている。例えば、イージス艦1隻の建造費用は約1、400億円ということだ。その一方で、「たまに撃つ　弾《たま》が無いのが　玉に瑕《きず》」という川柳で揶揄《やゆ》されるように弾薬の備蓄量が極端に少なかったり、後方支援関係が思い切り貧弱だったりするなど、カネの使い方にいびつなところがある。

その一つとして、当時の自衛隊では、公費で調達したPCの数量が非常に不足していた。そんなつまらぬことが、かくも重大な不祥事を引き起こした背景だった。

自衛隊は軍事組織であるが、平時においては普通の公務員とさほど変わることはなく、業務のかなりの部分は書類仕事で占められている。現代では、書類仕事をこなすのにPCが欠かせないが、そのPCの絶対数が足りないというのは非常に不便なことだ。困った隊員たちは、個人的に購入したPCや外部記録媒体を職場に持ち込み、それで仕事をしていた。ひどい話であるが、備品の不足を職員の私物により補うというのは、自衛隊では決して珍しい話ではないらしい。

こうして多数の私物PCが業務に使用されるようになると、それらで秘密情報を取り扱うことは避けられないが、その使用状況についての点検が行われていなかった。つまり、私物のPCにどのようなファイルが保存されているか、自衛隊としてはまったく把握していなかったのである。

さらに呆《あき》れた話がある。自宅で仕事の続きをしたり、プライベートな目的で使用したりするために、隊員が勤務終了後に私物のＰＣや外部記録媒体を持ち帰ることが少なくなかった。その際に、内部に保存されているファイルを点検していなかったのだ。このように秘密情報を簡単に部外に持ち出せたので、情報流出事故が続発することとなった。

それでは、どうして自衛隊では私物ＰＣの点検を行っていなかったのだろうか。制度上ではＰＣの使用状況を確認する旨の規定が存在し、秘密情報の管理を任務とする情報保全隊という部署も設置されていた。しかし、この情報保全隊の体制は非常に弱体であり、点検作業を自ら実施することが物理的に不可能だったので、現場の管理者に任せきりであった。

下駄を預けられた現場管理者の側も大変である。ＰＣ内のファイルを点検するにはかなりの時間がかかる上に、職場で使用されている私物ＰＣは膨大な数にのぼっていた。きちんと点検作業をやろうとすれば、いくら時間があっても足りない。私物ＰＣにはいろいろとプライベートな情報も入っているので、下手をすれば部下との信頼関係にひびが入ることになる。また、仕事のために部下の私物を利用しているという心理的な負い目もあった。このような事情から、現場管理者のチェックが形骸化していたのだ。

私物ＰＣの利用は、隊員の心理にも悪影響をもたらしていた。私物ＰＣの中に私的な情報と職務上の情報が混在していたことで、職務上の情報までも個人の所有物であるかのような錯覚に陥ってしまったのである。その結果、私物PC内の情報を安易にやり取りする行為が反復されていた。

本事件の関係では、情報提供を受けた隊員には、大量の情報を一括してコピーしたので、その中に秘密情報が含まれているという認識がない者や、いろいろな同僚からコピーさせてもらったので、誰から秘密情報のファイルを入手したのか覚えていない者もいた。捜査に当たった警察関係者は、音楽やわいせつ画像のファイルと一緒にイージス防衛秘密が保存されているのを発見して愕然《がくぜん》としたという。

### 抜本的対策の遅延

自衛隊では、部外に持ち出された秘密情報が流出する事故が2003年以降続発していた。その多くは、秘密情報を保存したPCでウィニーなどのファイル交換ソフトを使用したことが原因である。ちなみに、情報が流出しても暗号化されていれば実害は少ないが、多種多様な私物PCが持ち込まれていた関係で、自衛隊では共通の暗号化ソフトを導入しておらず、外部に流出した情報を誰でも読むことができる状態だった。

このように流出事故が多発していたにもかかわらず、防衛省の腰は重かった。その結果、ついに重大事件を引き起こすことになった。２００６年2月、護衛艦「あさゆき」乗組員の私物ＰＣから、暗号関係文書、艦艇の呼び出し番号（コールサイン）、通信施設の設置場所および周波数、演習時の作戦計画表などの秘密情報がインターネット上に流出したのである。敵性国家の側からすれば、まさにのどから手が出るほど欲しい情報ばかりで、自衛隊としては致命的な失態であった。

この「あさゆき」事件を受けて、防衛省では政務官を委員長とする「秘密電子計算機情報流出等再発防止に係る抜本的対策に関する検討会」をようやく設置した。同年４月に流出防止のための具体的措置として発表された対策は次のとおりである。

・官品ＰＣ（約5万6、０００台）の緊急調達
・私有のＰＣや外部記録媒体の職場持ち込みの全面禁止
・官品外部記録媒体の集中管理及び保存データの自動暗号化
・登退庁時及び勤務時間中の抜き打ち所持品検査
・保全規則の遵守に関する現場管理者の職責及び違反時の処分基準の明確化
・対策の遵守状況を調査するための特別検査チームの編成

これらの対策は抜本的かつ適切なものであるが、あまりにも時期を失したと言わざるを得

ない。対策の中核となるＰＣの大量調達の経費は約40億円、２００６年度の防衛関係費（当初予算）における装備品等購入費８、５９４億円のわずか０・５％である。その程度の対策を実施するのに、どうしてこれほど時間がかかったのだろうか。

その原因は、我が国の硬直した予算要求システムである。８、５９４億円という金額は、細かく使途別の数字を積み上げたものだ。全体としてどんなに多額の予算があっても、ＰＣを調達する経費を財務省が認めてくれなければどうにもならない。そして財務省という役所は、仕事で日常的に用いる備品については、財布の紐がとにかく固いことで知られている。

防衛省としては、ＰＣの大量調達について財務省に予算折衝をすれば、「そんなに多数のＰＣが本当に必要なのですか」「情報流出が問題であれば、自衛隊内部の情報管理をしっかりやるほうが先決でしょう」と反撃され、厳しい展開となるのは目に見えていた。そこで、情報流出のリスクを敢《あ》えて軽視し、現場で私物ＰＣが安易に使用されている状況を放置したのである。

まだ危機が現実のものでなく、可能性にとどまっている段階をリスクという。危機の発生を未然防止し、あるいは危機による被害を軽減するためには、リスクの存在を認識した時点で対策を迅速に開始することが極めて重要である。しかし実際には、防衛省のように対策が遅れ、みすみす重大な危機を招来してしまうケースは少なくない。

危機が生起する以前のリスクの段階では、それによる被害はあくまでも「想定」にとどまる。その一方で、リスク管理のための対策を実施しようとすれば、「現実の負担」が必要となるが、この負担をできれば回避したいと思うのが人情の常なのだ。その結果、危機が発生する可能性やそれによる被害を殊更《ことさら》に過小評価したり、あるいはコスト負担が少なくて済む弥縫《びほう》策の効果を過大評価したりするのである。

この希望的観測を防止するためには、「情報分析を行う部署」と「対策を実施する部署」を組織内で分離し、対策の困難性がリスク評価に遡《さかのぼ》って影響しないようにすることが有効である。それでも現実にはなかなか上手くいかず、担当者同士の事前調整により、リスク評価が無難な内容に落ち着いてしまうことが少なくない。調整能力の高さは日本人の長所だが、こういう場面ではそれが裏目に出ることに注意したほうがよいだろう。

# 第2章

# 空洞化したコンプライアンス

## 2―(1) 成果主義が誘発した企業不祥事
### ―三井物産DPFデータ改竄《かいざん》事件―

**不祥事が相次いだ三井物産**

1999年、東京都知事に就任した石原慎太郎氏は、黒い煤《すす》が入ったペットボトルを聴衆の前で振り、「これが一日に12万本も都内に撒《ま》き散らされている」と訴えるパフォーマンスを繰り返した。ディーゼル車の排ガス中に含まれる有害なPM（Particulate Matter：粒子状物質）の排出を減らすために、東京都が着手した「ディーゼル車NO作戦」のアピールであった。

その後、2000年12月に東京都は公害防止条例を全面的に改定し、ディーゼル車に対する走行規制や、低公害車の導入義務などを盛り込んだ環境確保条例を制定した。同条例が施行される2003年10月以降には、60％以上のPM捕集率を満たしていないディーゼル車は、都内を走行することができなくなった。この東京都の規制は、後に埼玉県・神奈川県・千葉県・さいたま市・横浜市・川崎市・千葉市の七県市にも拡大した。

本規制を実施するに当たって最大の障害となったのが、現用中のトラック・バスの取り扱いである。新車については設計段階からＰＭ除去装置を組み込めばよいが、既存の車両を改造するのは大変なことだ。除去装置を取り付けるスペースがどうしても制約されてしまうので、小型の装置でなければいけない。また、取り付けに何日もかかるようだと仕事への影響が大きいため、改造工事ができるだけ簡単であることが必要だ。そして何よりも、トラックやバスの事業者に過大な負担がかからないように、装置自体が安価でなければいけなかった。

吉野家の牛丼ではないが、「小さい」「(取り付けが) 早い」「安い」の三拍子を満たせというのは、技術的に極めて高いハードルである。それをクリアーしたのが三井物産だった。

排ガス浄化装置は、排気管に装着した触媒によりＰＭを酸化させて除去する「酸化触媒方式」と、フィルターによりＰＭを捕捉する「ＤＰＦ (Diesel Particulate Filter：粒子状物質減少装置) 方式」に大別され、一般的にＤＰＦ方式のほうがＰＭの除去率が高い。ＤＰＦ方式は、フィルターで捕捉したＰＭの処理方法の面から、次の三種にさらに分類できる。

① 電熱線などでＰＭを燃焼させてフィルターを再生する「強制再生方式」
② 触媒などの作用で連続的にフィルターを再生する「連続再生方式」

③　定期的にフィルターを清掃または交換する「非再生方式」

②の連続再生方式を採用した三井物産製ＤＰＦは、①の強制再生方式と違って電気配線の工事が不要であり、改造に時間がかからない。また、③の非再生方式と比較して、フィルターを清掃・交換する手間が省けるという長所があった。そのため、三井物産製ＤＰＦの売り上げは急速に拡大し、市場の約３割を制するに至った。総計2万1、５００台が販売され、これによる収益は１９４億円に達した。

ところが、このＤＰＦが東京都の指定を受ける際に使用した試験データが虚偽であり、実際にはＰＭ補集率が基準値の60％を満たしていないことが２００４年11月に発覚した。本事件で主導的立場にあった三井物産先端技術室長Ｘおよびピュアース社（三井物産の子会社）副社長Ｙは詐欺容疑で起訴され、懲役1年（執行猶予3年）の判決を言い渡された。

本事案の処理のために、三井物産では社長直轄の「ＤＰＦ統括本部」を設置し、最大時４８０名の人員を投入するとともに、補償関連費用として４１０億円の支出を余儀なくされた。それにも増して、社会的信用の失墜によるダメージは深刻であった。

三井物産では、その直前の２００２年に大きな不祥事が発覚したばかりだった。同社の社員が、国後島ディーゼル発電施設工事の一般競争入札に際し、競争意思のない業者を集めて競争入札の体裁を整える一方で、外務省職員から入札予定価格に関する情報を入手し、予定価格の99・9%という高額で工事を落札していたのだ。この事件の記憶がまだ薄れていない段階で、しかも国民の関心が高い環境問題に関する背信行為であっただけに、「三井物産にはコンプライアンス意識が欠如している」と厳しく糾弾されたのである。

## DPF開発の難航

それでは、本事件の経緯を眺めていくことにしよう。Xは1997年に無機原料部第二営業室の開発チームリーダーに就任した。この開発チームの仕事は、将来有望な新規事業を発掘し、採算が取れるように育て上げるというものだった。柔らかく言えば、ベンチャー事業の立ち上げ屋である。新規事業の『種』を探していたXは、S飛行機工業の技術者Yと知り合い、ディーゼル車向けの排ガス浄化装置をやらないかと提案された。

当時の日本は、欧米諸国と比較して、ディーゼル車の排ガスに対する規制が非常に緩やかであったが、環境問題に対する世間の関心は急速に高まっていた。近い将来に厳しい排ガス規制が導入されるのは確実であり、その際には排ガス浄化装置に対する大きな需要が生まれることが見込まれた。そこで、XはYを嘱託社員として三井物産に受け入れ、本事業に着手した。役割分担としては、Xが東京都との対応や製品の販売戦略を担当し、YがＤＰＦの開発・改良等の技術分野を担当することになった。

当初は、海外で実用化された排ガス浄化装置の輸入またはＯＥＭ（相手先ブランドによる生産）が検討され、連続再生方式のＪ社製ＤＰＦがその候補となった。しかし、調査を進めていくうちに、Ｊ社のＤＰＦをそのまま日本に導入するのは不可能であることが判明した。

既に欧米諸国では排ガス規制が段階的に強化されていたが、日本の規制はそれよりもずっと遅れていたので、国産ディーゼル車の排ガスは欧米と比較して著しく汚れていた。そのため、Ｊ社製ＤＰＦを国産ディーゼル車に装着すると、多量のＰＭを除去しきれずにワイヤーメッシュフィルターに目詰まりが生じ、異常に発熱してフィルターが溶解する「溶損」と呼ばれるトラブルが発生したのである。

そこでXは、２０００年4月にＪ社から基本技術を導入した上で、国産ディーゼル車に対応したＤＰＦをＳ飛行機工業と共同で開発することにした。２００1年10月には、初期段階の３０1Ａ型ＤＰＦを都バス24台に装着して試験運用を開始したが、そのうち2台でまたも溶損事故が発生した。そこでＳ飛行機工業は、ＤＰＦの完成度をもっと高める必要があるとして、開発期間の一年延長を三井物産側に申し入れたが、Xはそれを拒否した。

新車向けの排ガス浄化装置は自動車メーカーが開発を進めており、三井物産のＤＰＦは、現用中の車両を対象とせざるを得ない。そうなると、この製品を販売できる期間は、都条例が施行される２００３年10月までとなる。つまり、商品寿命が非常に短いということだ。販売スケジュールの面から既にギリギリの状況になっていたのに、さらに一年も開発期間を延長（＝販売期間を短縮）しては商売にならない。そこでＸは、Ｓ飛行機工業との提携を断念して、単独での開発に切り替えたのである。

メーカーのＳ飛行機工業でさえ難航した開発作業が、もともと技術面の体制が弱い三井物産で進展するわけがなかった。ワイヤーメッシュフィルターの溶損を防ぐためには、フィルターのステンレス線の直径を０・５ミリと太くすればよいが、その太さではＰＭの捕集率が低下し、基準値の60％を満たすことができない。この技術的ジレンマをどうしてもクリアーできずに焦慮したＹは、試験データの改竄に手を染めてしまった。

このデータ改竄は、計三回にわたって行われた。第1事件は、２００２年2月に３０１Ｂ型ＤＰＦの指定を東京都に申請する際に、試作品のデータを添付したというものだ。問題の試作品は、ワイヤーメッシュフィルターにインコネルという特殊なニッケル合金を利用していた。

このインコネルは耐熱性に優れ、ＰＭの捕集率を上げるために線の直径を０・２ミリまで細くしても溶損は発生しない。ただし、あまりに高価な素材であるので、実際の製品にはとても使用できなかった。喩《たと》えるならば、現役東大生を雇って替え玉受験をさせたようなものである。

その後、三井物産で引き続き研究を進めた結果、３０１Ｂ型の形状を変更することになった。同年7月に３０１Ｂ型の形状変更を東京都に申請する際に、本来のフィルターの上に別種類のフィルターを重ねて計測したデータを使用するという第2事件が行われた。このようにフィルターを追加すると、装置が大きくなりすぎて用途が限定されてしまうため、実際の商品はそのままだった。

以上のように虚偽データを提出することでＤＰＦの指定を取得した三井物産は、ＤＰＦの製造会社として、１００％出資の子会社ピュアース社を２００２年9月に設立し、その副社長にＹを据えた。三井物産社内では、組織変更によりナノテク・ニューテク事業創出部の先端技術室がＤＰＦ事業を担当することとなり、同室長にはＸが就任した。

## 不正の発覚

２００２年12月、東京都の環境科学研究所が独自に３０１Ｂ型の性能試験を行ったところ、ＰＭ捕集率が東京都の基準値である60％を下回り、40％程度にすぎないことが判明した。そこで、翌年1月にピュアース社工場（長崎市所在）において排ガス測定実験があらためて実施されることになった。この段階でＸは第１・第２事件について初めて報告を受けたが、不正が発覚すればＤＰＦ事業が頓挫すると考え、Ｙと共謀して第３のデータ改竄を指示した。

問題の測定実験には二人の東京都職員が立ち会ったが、ピュアース社では、ＰＭの重量を計測する機器を2階の応接室（本来の設置場所は1階）に運び込み、立会人の目から隠した。その上で、ＤＰＦ未装着時のベースデータではＰＭ重量を実測値よりも多く読み替え、ＤＰＦ装着時のデータでは実測値よりも少なく読み替えることで、ＰＭ捕集率が60％以上であるかのように偽装したのである。その結果、東京都から問題なしとのお墨付きをもらったピュアース社は、ＤＰＦの量産を開始した。

一連の不正行為を炙《あぶ》り出したのは、三井物産社内の内部監査だった。２００４年5月から6月にかけて、連結子会社であるピュアース社に対して定例の内部監査を実施したところ、内部統制上の問題点が浮上した。それを受けて特命監査を進めた結果、副社長のYが実質的に同社をコントロールし、三井物産から派遣されていた他の役員は社内の人、物、金の動きをまったく把握していないことや、社外との不透明な関係について噂が流れていることが判明した。

ピュアース社に対する疑惑が決定的となったのは、同年9月に同社の在庫実査を行った際に、DPFの製品在庫が横流しされていた事実が明らかになった時点である。三井物産では、10月に臨時株主総会を開催してピュアース社経営陣の権限を停止した上で、新役員を派遣して同社の経営を掌握し、徹底した調査活動を進めた。その結果、事件に関与していた社員が本件不正を告白したものである。

余談となるが、その後の調査によって、Yが自らの遊興費を取引先に負担させる目的で契約金額を上乗せするなど、数々の背任行為を犯していた事実が明らかとなった。Yの不正を他の役員が看過したのは、彼らもDPF事業を管轄する無機・肥料本部から同社に派遣されていたため、身内意識が働いて相互の監視が甘くなったからだ。この反省を受けて、三井物産では内部監査部の体制を3～4割も増強して監査対象や実施回数を拡大するとともに、子会社の常勤監査役については内部監査部から派遣するように制度を変更した。

**不正を誘発した成果主義**

三件のデータ改竄のうち第3事件は、第1・第2事件を隠蔽《いんぺい》する目的で行われた副次的な事件である。したがって、注目されるべきは第1・第2事件となるが、両事件が行われた契機は、DPFの開発が予定どおり進まなかったことだ。その背景要因として、次の二点が挙げられる。

・DPFの開発が技術的トラブルに直面したこと（技術的困難性）
・DPFの開発に充てられる期間が極めて限定されていたこと（開発期間の不足）

技術的に大きな『壁』に突き当たり、それを解決するための時間的余裕もなかったことから、開発担当者のYが不正行為に走ったという構図である。何らかの事情により窮地に立った者が不正を行うケースは決して珍しいものではなく、この点については特段の論評を要しない。問題は、どうして担当者がそれほど追い詰められたのかということだ。

技術的困難性や開発期間の不足は、決して想定外だったわけではない。開発のパートナーであったS飛行機工業が、開発期限の一年延長を三井物産側に申し入れた2001年12月の時点で判明していたことだ。つまり、DPF事業の将来性に対する深刻なリスクを三井物産側もよく承知していたにもかかわらず、DPFの単独開発に踏み切ったことが、本件不祥事を誘発する環境を作り出したのである。

それでは、どうしてXはリスクの高い単独開発を敢えて選択したのだろうか。これは、三井物産の成果主義が原因である。

三井物産では、それまで年功序列的に運用されていた評価制度を１９９９年7月に廃止した。その代わりに導入された定量重視型評価制度は、売上高の対前年比、事業計画の達成度、新規事業の件数などの目標数値を年度ごとに定量的に評価し、その評価を社員の賞与額および昇進に大きく反映させるという成果主義だった。ちなみに、社内部局の改廃についても部局ごとの業績が参考材料とされ、その意味では、部局レベルでも成果主義が貫徹されていた。

三井物産は、90年代から先端技術分野に積極的に進出し、本事件の舞台となったナノテク・ニューテク事業創出部を設置するなどの取り組みを行っていた。しかし、ベンチャー事業というものはハイリスク・ハイリターンの典型である。当たれば莫大な収益をもたらすが、外れるリスクも極めて高い。ご多分にもれず、同社でもなかなか実績が上がっていなかった。その中で唯一具体化が進んでいた案件が、問題のＤＰＦ事業だった。

S飛行機工業が主張したように開発期間を一年延長することは、採算性の面から絶対に受け入れられない。そうなると残る選択肢は、リスクの高い単独開発に踏み切るか、あるいはＤＰＦ事業から撤退するかの二者択一となる。

商社にすぎない三井物産が、メーカーであるＳ飛行機工業でさえも腰を引くほどの難しい技術開発に挑戦するのは無謀というものだ。本来であれば、事業化を断念すべきケースと言えよう。しかし、その場合にはＸの手元には何の業績も残らないので、成果主義の当然の帰結として、賞与や昇進の面で大きな不利益を受けることは避けられない。それどころか、早期退職あるいは片道切符の子会社出向へと追い込まれる可能性も高かった。

そうなると、Ｘ個人の立場からすれば、どんなにリスクが高くてもＤＰＦの単独開発に望みをつなぐのが『合理的な選択』というものだった。つまり、成果主義の導入が、組織としての利害と構成員個人の利害が相反する状況を作り出してしまったのである。

事情はＹも同様だった。ＹはＤＰＦ開発のために三井物産に入社したのであるから、事業から撤退するとなれば、自分の存在意義が消滅することになる。そこでＹとしても、ＤＰＦの単独開発は十分に可能であるとＸに訴えたはずである。

この時点では、ＸやＹに「いざとなれば会社を犠牲にしても構わない」とまでの悪意が存在したわけではあるまい。「貧すれば鈍する」という言葉のとおり、心理的に追い詰められた者は、リスクに対する感受性が鈍化し、希望的観測にすがるようになるのだ。

ただし、当事者の判断が以上のように偏向しても、社内の決裁の際に適切なチェック機能が行使されていれば、途中で軌道修正することができただろう。しかし本件の場合には、やはり成果主義が原因となって、そのチェック機能が働かなかった。

DPFの研究開発やピュアース社の設立に関する社内の稟議《りんぎ》は、ナノテク・ニューテク事業創出部を統轄する無機・肥料本部長の権限で承認されていた。これは、当該事業に要する資金が相対的に低額であったためだ。

ここで、三井物産の成果主義が、部局レベルに対しても適用されていたことを思い出していただきたい。DPF事業の成否は、担当者であるXやYの未来だけでなく、ナノテク・ニューテク事業創出部の存続にも関わる問題であったのだ。当然、無機・肥料本部長をはじめとする決裁者は、DPF事業に大きな期待を寄せていた。その期待が単独開発のリスクの過小評価につながったと考えられる。

## 成果主義の大いなる虚構

世間一般の用例にしたがって「成果主義」を定義すれば、「短期的な業績を重視して従業員を評価し、賃金などの処遇に大きな格差をつける制度」となろう。日本では、１９９３年に富士通が成果主義の導入に踏み切ったことを嚆矢《こうし》として、大企業を中心に成果主義が普及し、さらに中小企業にも波及していった。社団法人日本能率協会の『成果主義に関するアンケート調査結果』（２００５年３月）によると、対象企業の81・7％が「成果主義的な人事制度を導入している」と回答している。

おそらく多くの読者は、成果主義は米国での標準、いわゆるグローバルスタンダードと認識しているだろう。しかし、奥西好夫（２００１）によると、そもそも「成果主義」に対する適当な英訳は存在しない。強いて訳せば、“pay for performance”となるが、この言葉は米国では非常に広義に用いられており、我が国における用例とは必ずしも一致していない。

それどころか、独立行政法人労働政策研究・研修機構（２００４）は、米国においても成果主義が実践されている業界はウォール街の金融機関など一部に限られていると指摘している。つまり、米国でも「例外」にすぎない制度が、「標準」として日本に持ち込まれたのだ。

その契機となったのが、バブル崩壊である。経営危機に直面した日本企業はコスト削減に狂奔したが、その中で槍玉にあげられたのが人件費だった。それまでの年功序列型の給与体系では、従業員の勤続年数の上昇に伴って必然的に人件費が増大する。そこで、給与体系の抜本的変更（＝人件費の大幅削減）を正当化するために、経営側が成果主義を持ち出したというわけだ。

「成果主義は従業員のやる気を引き出す」という理屈は後付けの建前であって、「始めに人件費削減ありき」が企業側の本音である。その結果、十分な事前検討を行わずに成果主義を性急に導入したため、業務面で見るべき効果が上がっていない企業が多い。

前出の『成果主義に関するアンケート調査結果』によると、「成果主義導入が、ビジネス競争力や業務効率向上に役立っている」との設問に対する従業員の回答は、「まったくその通り」が2・2％、「どちらかといえばその通り」が23・0％、「どちらともいえない」が46・0％、「どちらかといえば違う」が23・0％、「まったく違う」が5・2％となっている。プラス・マイナスが半々、つまり全体としては導入のメリットが確認できないということだ。

それどころか、成果主義の導入によるマイナス面として、

・数値で評価できない業務（顧客との信頼関係、若手の育成など）が疎《おろそ》かにされる
・社員の関心が短期的な成果にばかり集中して、組織の中長期的課題が放置される
・個人的な成果を挙げようとするあまり、チームとしての活動が低調になる

などの問題が顕在化している。「若手社員も業績評価のライバルだから教えるだけ損になる」、あるいは「同僚と一緒に仕事をするより一人で引き受けて成績を上げたほうがよい」という意識が組織を蝕《むしば》んでいるのだ。

この成果主義の病弊がさらにひどくなると、従業員が自らの利益を追求するあまり、本件のように敢えてリスクの高い行動を選択したり、さらには違法行為を犯したりして、組織の長期的利害を損なうことになる。ただし、筆者は成果主義を全面否定しているわけではない。従来の年功序列主義と比較して、成果主義を実際に機能させるのは非常に難しいと申し上げたいのだ。

一つ間違えれば重大な副作用を生じかねない薬を投与するためには、事前に検査を重ねて患者の体質を調べ上げるとともに、投与開始後も患者の病状を随時チェックしながら薬の種類や分量を調整していかなければならない。そのような治療を行えるのは、豊富な知識と経験を備えた名医だけである。

それと同様に、成果主義という『劇薬』をうまく扱うには、現場を掌握する課長レベルからトップに至るまで、これまでよりも一段階も二段階も高い管理能力が求められる。そこまでの管理能力がないとなれば、身の丈に応じた評価システムに甘んじるのが正解であろう。

### 東京都の杜撰《ずさん》な検査

本事件が発覚した時、石原都知事は、「都民の願いを裏切る卑劣な行為」と口をきわめて三井物産を非難した。しかし、率直に申し上げて、知事の反応には失笑を禁じ得ない。なぜならば、性能不足のＤＰＦが大量に流通する事態を招いたのは、東京都の怠慢によるものだからだ。

第3事件の排ガス測定実験が行われたのは、前述のように環境科学研究所による性能試験において３０１Ｂ型のＰＭ除去能力の不足が指摘されたためである。この時点で東京都がしっかり調査していれば、三井物産製ＤＰＦの問題点を突き止めることは容易だった。しかし現実の対応は、次に示すように杜撰極まりないものだった。

・本来であれば第三者試験機関で行うはずのＤＰＦの測定実験を、ピュアース社工場内で実施した

・検査員として派遣された2名の都職員は、三井物産側から海釣りや飲食の接待を受け、うち一人は初日の実験に立ち会うのを懈怠《けたい》した

・ピュアース社によるＰＭの重量計測は、1階の実験場でなく、2階の応接室で行われていたが、その不自然さを都職員が看過していた

・本実験での数値と環境科学研究所での数値に大きな乖離《かいり》が生じた原因について、「生産段階で装置内にすき間ができた」という三井物産側の説明を鵜呑みにして検証しなかった

・DPFの性能不良については、東京都環境確保条例に基づき「東京都粒子状物質減少装置指定審査会」の意見を求めることになっているのに、本実験について同審査会に説明していなかった

まさに呆れるほどのいい加減さである。ここまでひどいと、「東京都側は、DPFの性能不足をうすうす承知していた上で、三井物産側にデータを誤魔化すチャンスをわざと与えたのではないか」という憶測が生じるのも当然だ。そこまでいかずとも、三井物産製DPFが検査に無事合格することを東京都側が期待していたことは間違いない。

排ガス規制の実施を数ヵ月後に控えて、東京都では、排ガス除去装置の重要供給元として三井物産を当てにしていた。他社の装置はサイズが大きく、装着可能な車種が自ずと限定されたが、三井物産製DPFは小型であらゆる車両に装着できたからだ。特に低床の都バス（ノンステップバス）の場合、排ガス浄化装置を取り付けるスペースが非常に狭かったので、三井物産製DPF以外に選択肢がないというのが実情だった。

東京都が予定どおり排ガス規制を実施するには、問題のＤＰＦが規制数値をクリアーすることが前提となる。つまり、三井物産が検査をパスしてくれることを検査官が強く願っていたというわけだ。これでは、検査がルーズになるのも当たり前である。

ちなみに、２００８年に発覚した三笠フーズの事故米不正転売事件でも、農林水産省の担当者が過去五年間に96回も立ち入り検査をしながら不正を見抜けず、同社に対する内部告発がなされた際にも、関係者への事情聴取さえ行っていなかったことが明らかとなった。これも、事故米の処分に苦慮していた農林水産省にとって、大量に事故米を買い付けてくれる三笠フーズはまことに有難い存在だったからだ。検査の体制がいかに整備されていても、実際に検査に当たる担当者が厳正な姿勢を保持できなければ意味がないのである。

**三井物産の再生に向けた取り組み**

本事件が発覚する以前から、三井物産でも成果主義の問題点が様々な形で噴出していた。そこで、２００４年４月の段階で、コンプライアンスや部下の指導育成などの様々な側面を定性的に評価する制度を追加し、定性評価４割、業績評価６割の比重とした。ちなみに、事件発覚後の２００６年４月には、定性評価の比重を８割にまで引き上げ、成果主義を実質的に廃止している。

また、社内稟議の取り扱いについては、CSR（企業の社会的責任）に抵触するリスクが高い事業として、R&D型製造業、環境関連事業、バイオ倫理関連事業、政府から補助金を受けるなど公益性の高い事業の4事業領域を「特定事業」と定め、金額の多寡にかかわらず代表取締役の決裁事項として、社内審査を厳しくした。コンプライアンス経営が社会的に要請されている今日、事業が抱えるリスクの大きさは、必ずしも投下資金額に比例するものではないことを自覚したのである。

ただし、これらの対策だけでは、組織内に広まったコンプライアンス軽視の風土を解消するのは容易ではない。そこで槍田《うつだ》社長は、「コンプライアンス無くして、仕事無し、会社無し」、「コンプライアンスの徹底で会社がつぶれるというのであれば、それでもかまわない」といった大胆なメッセージを社内に向けて発信し続けている。

その理由について、槍田社長は、「業績への影響を気にして、私が何も言わなかったら、この会社は変わらない。（中略）物産の現場には目標を達成しようという企業風土が根付いている。骨の髄まで染み込んでいると言っていい。放っておけば、本部長も部長も『今期の数字はどうなっているんだ』と部下を叱咤《しった》激励するだけになる。そんな中で、私まで、利益、利益と言い出したら、この会社は『形状記憶合金』のように元の状態に戻ってしまう。再び、『数字の病気』が出てしまうんです」（日経ビジネス２００３年４月28日号）と述べている。筆者としては、まさに「我が意を得たり」と嬉しいかぎりだ。

また、三井物産は、本件不祥事を貴重な『財産』として社内で伝承することにも熱心である。事件記録を「風化させないために。」と題する新書版の冊子（全２３０ページ）に製本して、全社員に配布するとともに、回収されたＤＰＦの実機を同社の研修所に展示した。話すそばから消えてなくなる言葉と違って、このような『現物』はいつまでも残る。自社の不祥事に関しては社員研修で取り上げることさえ躊躇《ちゅうちょ》する企業が多い中で、この三井物産の対応は際立っている。

社員研修所に展示されている DPF
〈出典：三井物産〉

# 2―(2) 金融エリートたちの暴走
## ―日興コーディアル不正会計事件―

### 外資に吸収された日興コーディアル

日興コーディアルグループ（NCC）の「コーディアル（Cordial）」とは、「誠心誠意」を意味する。まことに皮肉なことに、同社は2006年12月に証券取引等監視委員会から会計処理上の不正を指摘され、5億円もの課徴金の支払いを命じられた。この不祥事により経営が悪化したNCCは、2008年1月にシティグループの傘下に入ることを余儀なくされた。

野村証券、大和証券に次ぐ業界第三位の証券会社が不正会計事件の当事者となったことは、社会に大きな衝撃を与えた。その一方で、本事件ではEB債というデリバティブが使用され、さらにVC条項という馴染みの薄い会計処理が焦点となったため、事件の構図を正確に理解している人は少ない。率直に申し上げると、本事件については、現役の公認会計士が執筆した書籍にさえ誤りが散見されるほどだ。

それでは、本事件の関係企業および関係者の説明から始めよう。ＮＣＣは、日興コーディアル証券などを子会社に持つ日興グループの持株会社である。日興プリンシパル・インベストメンツ（ＮＰＩ）はＮＣＣの１００％子会社であり、自己資金を用いた中長期的投資、いわゆるマーチャントバンキングを業務としていた。そのＮＰＩが投資活動を行うための受け皿として１００％保有していた特別目的会社（ＳＰＣ）が、ＮＰＩホールディングス（ＮＰＩＨ）である。

本事件の主要な関係者は、ＮＣＣの取締役兼代表執行役社長（ＣＥＯ）の甲、同じく財務部門執行役常務（ＣＦＯ）の乙、そしてＮＰＩ代表取締役会長の丙の３人であった。ちなみに丙は、ＮＣＣの取締役兼代表執行役とＮＰＩＨの取締役社長も兼務していた。

## ＮＰＩＨによる株式の取得

発端は、コールセンター最大手のA社（東京証券取引所第1部上場）が、ソフトバンク系のコールセンターを買収する資金を調達するため、２００4年7月20日の取締役会で第三者割当増資を決議したことだった。その内容は、新株５２０万株を1株当たり2万５０円で発行し、総額1、０４2億6、０００万円を調達するというものだ。この増資の引受先がＮＰ

ＩＨであった。
当時のＡ社の株式総数は４８９万８、７００株だったので、それを上回る大量発行となる。これに対して、同社の最大株主のＢ社が新株発行の差し止めを求める仮処分を東京地裁に申し立てた。この仮処分は7月30日に却下されたが、Ｂ社では、新株に対する議決権行使禁止の仮処分を新たに申し立てた。

このようにＢ社が徹底した法廷闘争を展開したため、丙は8月4日に甲に相談した。すると甲は、「議決権がつかない株に1、０００億円なんてとんでもない」「Ｂ社の経営者のところへ行って、こちらがＡ社の株を引き取るから訴えを取り下げてくれと言え」と指示した。

そこで丙がＢ社と連絡を取り、１株2万7、０００円という引き取り価格を提示した結果、Ｂ社は保有するＡ社株をすべて売却（総額５５１億８、８００万円）することに同意した。ちなみに、この株式売買は8月5日に１５８万株、翌6日に46万4、０００株と二回に分けて行われたが、その理由については後述する。

かくしてＮＰＩＨは、第三者割当増資の５２０万株を予定どおり取得した。これにＢ社から買い取った株を合計すると計７２４万4、０００株、Ａ社の発行済株式数（増資後）の71・7％に相当した。その一方で、想定外の形で株式を買い取ったことにより、投資総額は

１、５９４億４、８００万円に膨れ上がっていた。この巨額の投資資金を調達する方法として、ＮＰＩＨではＮＰＩから借入れを行っていたが、８月４日付けで総額１、０４２億６、０００万円のＥＢ債を発行し、ＮＰＩに購入してもらった。

このＥＢ債とは、金銭の代わりに他社の株券で償還する権利（オプション）が付いた「他社株券償還特約付社債」のことだ。英語の名称が“Exchangeable Bond”であることから、ＥＢ債と呼ばれる。本件で用いられたＥＢ債には、引受者（ＮＰＩ）が、発行者（ＮＰＩＨ）に対してＡ社株式での償還を要求できるオプションが付いていた。その場合の交換価格は、発行日の８月４日の市場価格と同じ２万４、４８０円に設定された。

９月27日、ＮＰＩＨは買付価格を１株２万８、０００円とするＴＯＢ（株式公開買付け）を発表した。このＴＯＢによって、ＮＰＩＨはさらに２６３万３、０２７株（総額７３７億２、４００万円）を取得し、Ａ社株式の97・８％を保有するに至った。翌２００５年１月25日、ＮＰＩＨは産業活力再生特別措置法に基づき金銭交付による株式交換を実施し、残る22万６８４株を１株２万８、０００円（総額61億８、８００万円）で取得して、Ａ社を完全子会社（投資総額２、３９３億６、０００万円）とした。ちなみに、Ａ社株は１月16日時点で上場廃止となり、その最終取引価格は２万８、１００円であった。

6月30日、NPIは、EB債の交換権を行使し、NPIHから425万9、220株を取得している。7月21日、NPIHは、A社の自己株式買いに応じて469万7、704株(総額1、320億円)を売却するとともに、残りの114万787株(総額320億円)をNPIに譲渡した。取引価格は、いずれも1株2万8、100円であった。以上の取引によって、A社株式をすべて売却したNPIHは、それによる利益240億円を10月25日の株主総会でNPIに配当した後に休眠状態となった。

## 巨額の評価益の計上

2005年3月期のNCCの有価証券報告書には、140億円を超える巨額の評価益が計上されていた。これは、NPIが保有していたEB債を時価で会計処理したものだった。

日本の会計基準では、一部の金融商品について、その時価を評価した上で帳簿価格との差額を損益として計上する時価会計処理を要求している。時価が帳簿価格を上回っていたら評価益、逆に下回っていたら評価損が発生する。

前述のようにNPIHは9月27日にA社のTOBを発表し、その買付価格を1株2万8、000円に設定していた。これをA社株の時価と見なした場合、NPIがEB債のオプションを行使してA社株式を入手すれば、1株当たり2万8、000円－2万4、480円＝3、520円の利益が生じる。NCCでは、それを評価益として計上したわけだ。

ここで読者の皆さんは、「株価が2万8、000円と言っても、NPIHが一方的に付けた価格じゃないか」「100%子会社との取引で評価益が本当に成立するのか」などと疑問を感じたことだろう。それも当然である。たしかに極めて胡散《うさん》臭い処理なのだ。

TOB発表直前の株価が2万5、320～2万8、370円の間で推移していたことを考えると、2万8、000円という価格が不当に高いとまでは言い難い。しかし、EB債の取引相手は100%子会社のNPIHだった。

会計理論上では、NPIに評価益が発生したのであれば、その取引相手、すなわちNPIH側は、それと同額の評価損を被ることになる。したがって、NPIとNPIHを共に連結処理していれば、NPIの評価益がNPIHの評価損と相殺され、プラスマイナスゼロとなるはずだ。それなのに、どうして評価益だけが計上されているのか。実は、NCCではNPIだけを連結し、NPIHは非連結としていたのである。

2006年12月、証券取引等監視委員会は、このNPIHを非連結とした会計処理は違法であり、NCCが本来計上できない評価益を計上したと認定した。これを受けて金融庁では、金融庁設置法第20条第1項に基づき、NCCに対して5億円の課徴金納付を命じたのである。

以上の説明を聞く限りでは、典型的な「連結外し」の粉飾決算事件となる。筆者も当初はそのように考えていたが、素朴な疑問が頭に浮かんだ。

三大証券会社の一つ、NCCともあろう企業が、「連結外し」という見え透いた手口を使うだろうか。どうせ粉飾決算をするのであれば、SPCやファンドを何社も活用して取引を複雑化し、さらにタックスヘイブンを経由させるなどして、その実態を掴めないようにする工夫をして然《しか》るべきところだ。

しかし、本件に関与したSPCはNPIH一社である上に、NPIの100％子会社ということで、NCCとの関係も明白である。しかもA社への投資については、丙がマスコミの取材に応じるなど、「日興コーディアル」の名前を表に出して活動していた。本気で不正経理を行うつもりがあったのならば、あまりにも不用意と言わざるを得ない。実際のところ、土建会社の粉飾決算でも、もう少しましな隠蔽工作をしている。

さらに言えば、NCCには粉飾決算をする動機がなかった。2005年3月期のNCCの業績は堅調で、連結経常利益も連結当期純利益も立派な黒字であった。本件の評価益は、こ

表　NPIHによるA社株式の売買状況

| 日付 | 取引内容 | 取引株数 | 単価 | 取引収支* | 持株数 | 収支累計 |
|---|---|---|---|---|---|---|
| 2004年8月5日 | 第三者割当増資 | 5,200,000 | 20,050 | −104,260 | 5,200,000 | −104,260 |
| 2004年8月5日 | B社より取得 | 1,580,000 | 27,000 | −42,660 | 6,780,000 | −146,920 |
| 2004年8月6日 | B社より取得 | 464,000 | 27,000 | −12,528 | 7,244,000 | −159,448 |
| 2004年9月27日 | TOBにより取得 | 2,633,027 | 28,000 | −73,724 | 9,877,027 | −233,172 |
| 2005年1月25日 | 株式交換により取得 | 220,684 | 28,000 | −6,188 | 10,097,711 | −239,360 |
| 2005年6月30日 | EB債の行使 | −4,259,220 | 24,480 | 104,260 | 5,838,491 | −135,100 |
| 2005年7月21日 | 自己株消却 | −4,697,704 | 28,100 | 132,000 | 1,140,787 | −3,100 |
| 2005年7月21日 | NPIへ売却 | −1,140,787 | 28,100 | 32,000 | 0 | 28,900 |

取引収支および収支累計の単位は百万円
* 取引収支の一部は計算結果と若干の差異があるが、調査報告書の数字にしたがった

れらの数字を3割増にする程度の効果しかない。また、社内での甲CEOのワンマン体制は盤石であり、粉飾決算をしてまで業績を嵩上《かさあ》げする必要もなかった。これらの疑問点に立脚して調査を進めた結果、意外な事実が判明した。

ＮＣＣ側では証券取引等監視委員会の勧告を受け入れて課徴金を支払ったので、法律上では決着が付いている。しかし、純粋に会計処理の適否だけの面から見ると、ＮＰＩＨを非連結としたＮＣＣの会計処理は、必ずしも違法とは言い切れないのだ。

## ＶＣ条項という抜け穴

連結処理の適否を検討する場合の基本原則は、その会社の意思決定機関を親会社が実質的

に支配しているかどうかという「支配力基準」である。意思決定機関を支配している時には連結、そうでない時は非連結となる。ここでＮＰＩとＮＰＩＨの関係を見てみると、

・ＮＰＩＨはＮＰＩの１００％出資であること
・ＮＰＩＨの所在地はＮＰＩと同一であること
・ＮＰＩＨの役員はＮＰＩ社員が兼務していること
・ＮＰＩＨがA社の株式を取得する費用の全額をＮＰＩから調達していること

などの状況が認められ、たしかにＮＰＩがＮＰＩＨを支配していると考えてよい。したがって、支配力基準に基づいてＮＰＩＨを連結するのが原則である。しかし、「原則」には「例外」が存在するのだ。

日本公認会計士協会では、１９９８年12月８日付けの監査委員会報告第60号「連結財務諸表における子会社及び関連会社の範囲の決定に関する監査上の取扱い」の中で、「財務諸表提出会社であるベンチャーキャピタルが営業取引としての投資育成目的で他の会社の株式を所有している場合には、支配していることに該当する要件を満たすこともあるが、その場合であっても、当該株式所有そのものが営業の目的を達成するためであり、傘下に入れる目的で行なわれていないことが明らかにされたときには、子会社に該当しないものとして取り扱

うことができる」と規定していた。

　これはＶＣ条項と呼ばれるものだ。ベンチャー事業に対する投資を活発化させる政策の一環として、投資育成目的で株式を所有した場合を支配力基準の例外としている。ＮＣＣは、このＶＣ条項を適用してＮＰＩＨを非連結としたのである。ちなみにＮＣＣでは、他のＳＰＣについても、ＶＣ条項を適用して非連結とする処理を以前から続けており、決してＮＰＩＨを特別扱いしたわけではない。

　証券取引等監視委員会の勧告では、この会計処理を違法と判断した理由として、ＮＰＩがＮＰＩＨを支配していることを挙げている。しかし、前述のＶＣ条項には「支配していることに該当する要件を満たすこともあるが、その場合であっても」と記述されている。ＮＰＩがＮＰＩＨを支配していたとしても、ＶＣ条項の適用が直ちに排除されるものではないことは文言上明らかである。

　繰り返しとなるが、本件処理は企業会計の原則から外れており、極めて胡散臭いものだ。まだＮＣＣ側がExit（転売などにより投資資金を回収すること）していないのに、巨額の評価益を計上することには大いに疑問がある。しかし、ＶＣ条項という会計上のルールにしたがっていた以上、ＮＣＣの会計処理を違法とは言い難いのである。

本件において真に指弾されるべきは、ＶＣ条項それ自体であろう。このように文言が非常に曖昧で、解釈の余地が広すぎる規定を会計上のルールとすれば、それを利用して財務状態を見栄えよくしようと考える輩《やから》が出てくるのは当然である。その意味では、ベンチャー企業育成という政策判断が、会計処理の健全性を蝕む抜け穴をこしらえてしまったというわけだ。

本来、会計上のルールというものは、投資家保護の観点から、企業の財務状況や業績をできる限り適正に表示することを目的としているはずである。しかし現実には、本件のように政策判断によってルールが左右されるケースが珍しくないようだ。

最近でも、サブプライム危機により金融商品の時価が大幅に下落して苦しむ企業を救済するために、時価会計を緩和しようとする動きがあった。これは、かつてバブル崩壊の際に不良債権処理を先送りした構図と何ら変わりない。時々の事情に応じてルールを改変するご都合主義がいかに愚かなことか、関係者は猛省すべきであろう。

ただし、証券市場の守り手であるはずの証券会社が、本件のような会計処理に手を染めたというのは、決して誉められた話ではない。本来であれば、経営陣がその見識を発揮して、ＶＣ条項を適用しない（＝評価益を計上しなくて済む）方向で調整すべきところだが、当時のNCCにはバランスの取れた経営者が不在だった。

CEOの甲はワンマン経営者だが、財務関係については理解が浅く、乙CFOに任せきりだった。その乙CFOは、入社以来財務・経理畑一筋で、まさに「ミスター財務」というべき存在だったが、こうした経歴の人物にありがちなガチガチの理論家だった。そのため、「会計上のルールにしたがって処理している以上は何の問題もない」と乙が判断し、甲もそれに同意してしまったのである。

専門家には、このように視野狭窄に陥りがちな欠点がある。いわゆる「専門バカ」というやつだ。専門家にいろいろと助言を求めるのは結構だが、専門的見解と経営判断は決してイコールではないことを経営者は銘記しないといけない。

### 偽装されたEB債発行日

以上のように、NPIHの非連結処理を違法とした証券取引等監視委員会の勧告には疑問がある。NCC側もこの認定には不服で、裁判で争おうという話もあったが、最終的には勧告を受諾するに至った。これは、NPIHの非連結処理に関しては勝算があったが、証券取引等監視委員会が指摘したもう一つの違反事実について抗弁できなかったためである。それは、ＥＢ債の発行日の偽装だった。

先ほどＥＢ債の発行日を２００４年8月4日と記述した。しかし、この期日はＮＰＩの関係者が偽装したものであり、本当の発行日は9月22日だった。このＥＢ債の発行を巡る経緯は以下のとおりである。

ＮＰＩＨがＢ社から株式を引き取って71・7％の大株主となったことで、早期にExitするのは難しくなった。証券市場でＡ社株を大量に売りに出せば、株価の急激な下落を引き起こす。また、株式があまりに集中したことで、東京証券取引所の少数特定者持株比率基準（大株主上位10人と特別利害関係者による持株の比率を75％以下としなければならない）に抵触し、Ａ社が上場廃止となる可能性も高かった。

そこでＮＰＩＨは、Ａ社にＴＯＢを行って非公開企業にした上で、いずれＡ社の経営者にＭＢＯ（経営者による自社買い取り）を行わせることで、ＮＰＩＨが投資資金を回収するという青写真を描いた。この計画を実行するには相当な時間を要するが、ＮＰＩＨが投資資金をＮＰＩからの借入金という形で調達していたことがネックとなった。ＮＰＩ側では、ＮＰＩＨに対する多額の短期貸付金に対し、貸倒引当金の計上（＝貸倒損失の計上）をする必要が出てきたのである。

何しろ貸付金の総額が約1、６００億円に達しているので、貸倒引当金の額も半端なものではない。ＮＰＩの立場からすると、この時点で多額の貸倒損失を計上し、自らの経営指標を悪化させることは耐えがたかった。そこで、８月19日頃にＮＰＩＨへの短期貸付金をＥＢ債に変更する案が浮上した。ＥＢ債は会計上では投資有価証券として処理されるので、ＮＰＩ側は貸倒引当金を計上せずに済む。

ところが、ＮＣＣの審査部門に相談すると、「ＥＢ債のオプション部分については、時価会計により評価損益を計上することになる」との回答を受けた。そうなると、ＥＢ債の発行日をうまく選択しないといけない。ＥＢ債の購入時よりも株価が下落すれば、逆に評価損が発生してしまうためだ。９月10日頃、ＮＰＩの誰かがグッドアイデアを思いついた。

株式市場ではA社の増資を好意的に受けとめ、８月から9月にかけて、同社の株価は上昇基調にあった。そこで、まだ株価が安値だった8月上旬の時点でＥＢ債を発行したことにすれば、簡単に評価益を計上できることに気が付いたのである。もともとＮＰＩでは、大量の資金をA社に投下したにもかかわらず、Exitに時間がかかることに焦っていた。しかし、ＥＢ債の発行日を操作すれば、現段階で巨額の利益を計上できる。まさに渡りに舟だった。

これは、ＮＰＩ社員の個人的な利害の面からも美味しい話だった。ＮＰＩの報酬制度は、

①給与（年俸制の固定給）、②年次賞与（当該年度の経常利益に基づき決定）、③長期業績連動報酬（投下資金をExitした時点で決定）の三本立てであるが、成果主義の観点から②の比重が高く、経常利益の3％がボーナスの原資になっていた。つまり、評価益の計上は、NPI社員のボーナスに直結していたのである。

ちなみに、本取引に関与していたNPI社員6名には、合わせて3億4、100万円もの賞与が支給され、最低でも3、000万円、最高では1億2、000万円を受領したという。これほど巨額の報酬を目の前にすれば、その誘惑に駆られて違法行為に手を出すのも決して不思議なことではない。

それでも、違法行為が露見するおそれがあれば、さすがに関係者も躊躇したことだろう。しかし、NPIHはNPIの100％子会社である上に、その社員もNPI社員が兼務しており、まさにNPIと一心同体だった。皆が口裏を合わせ、書類を改竄しておけば、絶対にバレるはずがないと安心できたわけだ。

ちなみにNPIでは、別のSPCについても、手数料の金額を後になって変更したことが発覚している。その時の関係者がやり取りしたメールには、「ウェスパ（SPCの名称）とうち（NPI）の関係なら、バックデートでフィーの金額を変えちゃうことも可能でしょ？

何とでも調整可能だと思っていましたが」との記述がある。要するに、ＮＰＩの関係者は、ＳＰＣのことを「好き勝手にカネを出し入れできる便利な財布」くらいに考えていたのだ。

**コンプライアンス意識の欠如**

このようなコンプライアンス意識の欠如は、ＳＰＣに関してだけではない。本事件の発端となったＡ社の増資引き受けも、実に怪しげなものだった。

前述したように、Ａ社が「買収資金の調達のため」と巨額の増資を決定したのに対し、最大株主のＢ社は新株発行の差し止めを求める仮処分を裁判所に申し立てた。この時の主張は、「Ｂ社の株式所有比率を低下させて、Ａ社経営者がその支配権を維持するという不当な目的に基づく違法な増資である」というものだった。

当時、Ａ社の成長戦略を巡って、Ａ社経営者とＢ社が激しく対立していたことは事実である。そしてＢ社側が、Ａ社取締役の過半数をＢ社から派遣（＝Ａ社の経営の実権をＢ社が掌握）する旨の株主提案を行った直後に、Ａ社経営者が増資計画を急遽持ち出してきたという経緯がある。ちなみに、Ｂ社の申し立てを却下した裁判所でさえも、「本件新株発行の検討に先立ち、債務者（Ａ社）代表者らが自らの支配権維持の意図を有していたことは否定できない」と認定している。

さらに面白い事実がある。A社では、前述のように増資の一年後に自己株式買いを実施し、総額1、320億円もの資金をNPIHに還流した。そうなると、そもそも増資によって資金を調達する必要性が本当に存在したのかどうか疑わしく、B社が主張したように、A社経営者が支配権維持のために行った違法な増資である可能性が高い。少なくとも、大手証券会社の連結子会社が手がけるに相応《ふさわ》しい案件とは考えられないのだ。

また、前述のようにB社からの株式の引き取りを二回に分けたことにも裏があった。証券取引法（現金融商品取引法）は、株式取引の公正さと透明性を担保するために、株式の所有比率が3分の1を超える場合には、TOBによって株式を買い付けることを義務付けている。NPIでは、この「3分の1ルール」の適用を免れる（＝TOBを行わずにB社から株式を購入する）ために、8月5日の購入分を株式総数の32％に抑え、残りを翌6日に購入したのである。証券取引法の趣旨に違背した脱法行為であることは言うまでもない。

『日興』という名称を経済界で知らぬ者はなく、それに対する世間の信頼はビジネス上の大きな財産でもあった。その大看板を背負ったNPIとしては、「瓜田《かでん》に履《くつ》を納《い》れず、李下《りか》に冠を正さず」の故事のように心掛けるべきところである。しかし現実には、以上のような怪しげな取引に手を出し、大看板に泥を塗りたくる真似を繰り返していたのだ。まさに驚くほどのコンプライアンス意識の欠如である。

### グループシンクという暗幕

それでは、ＮＰＩはどうしてこのような組織になってしまったのだろうか。前述した成果主義の影響は非常に大きいと考えられるが、それだけではあるまい。筆者が関係者から事情聴取した限りでは、ＮＰＩ内部でグループシンクが発生していた可能性が高い。

ＮＰＩは、企業再生ビジネスに参加するために２０００年に鳴り物入りで設立され、今後のＮＣＣの経営の柱として期待されていた。その初代社長に就任し、事件当時は会長職にあった丙は、まさにエリート中のエリートだった。シカゴ大学ビジネススクールでＭＢＡ（経営学修士）を取得した後、法人畑・企画畑・海外子会社派遣と花形コースを歩み、まだ40代前半という若さでありながら、いずれは甲の後任としてＮＣＣのＣＥＯに就任すると目されていた人物である。また、ＮＰＩ社員にもＭＢＡ資格者や外資経験者など社内外から集められた優秀な人材約20人が配置されていた。

若くて前途洋々たるリーダーの下に、同質性が非常に強い少数精鋭スタッフが集うという構図は、まさにケネディ政権を彷彿《ほうふつ》させる。ケネディ政権がキューバ逆上陸作戦（ピッグス湾事件）を敢行して大失敗したのは、スタッフの中でグループシンクが発生し、作戦の無謀さが見えなくなっていたせいだ。これと同様に、ＮＰＩの内部では、

・「俺たちは優秀なんだ」という過大な自己評価
・「カネを稼いだ者が勝ち」という独自の価値観の形成
・「違法だと分からなければ何をしてもよい」という倫理意識の欠落
・「世間のアホどもはどうせ気付かない」というリスクの過小評価

などの特殊な心理状態が支配していたと考えられる。

ＮＰＩ関係者が残したメールを見ても、軽い調子でメールをやり取りしながら、だんだんと話が盛り上がっていって、最後は実にあっけらかんと違法行為の相談をしている様子がうかがえる。ちなみに、ベンチャーがらみの企業不祥事でも、本件と同様に関係者がノリに任せて暴走するというパターンが少なくない。ライブドア事件がその典型と言えよう。

２００７年の流行語の一つに「ＫＹ（空気が読めない）」がある。このような言葉が若者の間ではやるという事実に、日本人の心理に巣食ったグループシンクの根深さを感じる。

互いに空気を読み合って、仲間意識のぬるま湯に浸かっているのは、本当に居心地のよい

ものだ。しかし、外側から眺めれば、グループシンクという暗幕の中に集団で引き籠《こも》っているのと変わりない。「そんなことをして大丈夫か」「自分の都合ばかり言うんじゃない」「相手の目線に立って考えてみろ」などと冷や水を浴びせる「KY」がいなければ、ぬるま湯の中で組織はどんどん腐っていくのである。

## 2−(3) 機能しなかった内部通報制度
### ——ジーエス・ユアサ循環取引事件——

**子会社で発覚した循環取引**

ジーエス・ユアサコーポレーション（GYC）という現社名には馴染みがなくても、「日本電池」、「ユアサ」という旧社名であれば、大抵の読者がご存知のことだろう。両社が2004年4月に経営統合する形で設立されたのがGYCであり、東京証券取引所および大阪証券取引所の第1部に上場している。自動車・二輪車用の鉛蓄電池の分野では国内のトップメーカーで、世界的にも第二位のシェアを有する。ちなみに、社名の「ジーエス」は、旧日本電池が創業者の島津源蔵氏のイニシャル「GS」を商標としていたことに由来する。

GYCは約70社もの連結子会社を有しているが、その一つにジーエス・ユアサライティング（GYL）という企業があった。元々は旧日本電池の照明事業部で、2004年10月に分社化（資本的にはGYCが100％所有）されたものだ。このGYLの千葉営業所において、総額320億円という巨額の循環取引事件が2008年9月に発覚した。

「循環取引」とは、複数の企業が共謀して商品（必ずしも実在の商品であることを要しない）の転売を続け、やがては最初に販売した企業が当該商品を買い取るという環状（○○社→△△社→……→○○社）の取引構造である。この循環取引を繰り返すことによって、見かけの売上額は増大する。また、次の企業に転売する際に金額を上乗せすることで、帳簿上では利益を計上することも可能だ。つまり、経営状態を実態よりも良好に偽装することができる。

GYLの基本業務は、自社で開発・製造したランプ、安定器等の照明器具の販売であった。ただし、工事案件を受注した場合には、照明器具を設置するのに必要となる照明用ポールを他社から仕入れ、これを建設業者に転売したり、あるいは自らの下請工事業者に使用させたりしていた。この場合、帳簿の上では照明用ポールがGYLを経由しているが、ポールの現物は、建設業者または下請工事業者のもとに直接納入されていた。循環取引の対象となった商品は、この照明用ポールである。

循環取引を隠蔽しようとする際に最も苦労するのは、商品の受け渡しをどうするかだ。現物の搬入・搬出には相当な手間を要するが、それをやっておかないと在庫の数量が合わなくなって不正がばれてしまう。しかし、本件の照明用ポールの取引については、もともとGY

表1　GYLの経営指標と循環取引　（単位：百万円）

| | 2005年3月期 | 2006年3月期 | 2007年3月期 | 2008年3月期 | 2009年3月期* |
|---|---|---|---|---|---|
| 訂正前売上高 | 15,448 | 17,732 | 16,059 | 17,578 | |
| うち循環取引 | 5,402 | 8,291 | 7,134 | 8,285 | 2,928 |
| 循環取引比率 | 35.0% | 46.8% | 44.4% | 47.1% | |
| 訂正前営業利益 | 919 | 1,234 | 1,086 | 978 | |
| うち循環取引 | 314 | 472 | 446 | 493 | 279 |
| 循環取引比率 | 34.2% | 38.2% | 41.1% | 50.4% | |

*第2四半期まで

L側には在庫が発生しないので好都合だった。

循環取引の首謀者であった千葉営業所長のXは、架空の工事案件を捏造《ねつぞう》しては、「GYL→○○社→△△社→GYL」という照明用ポールの架空取引を反復していた。取引の数量や価格、期日などはすべてXが指図し、関係企業に対しては、取引額の1～5%に相当する利益を提供していた。

表1に示すように、GYC設立時の2005年3月期から、不正が発覚した2008年8月までの間に、循環取引による売上高は計320億4、000万円、架空の営業利益は20億40 0万円に達した。さらに、循環取引に関する債権が回収不能となったため、その貸倒損失を加算すると、GYCの連結純利益は累計で70億6、000万円も減少するに至った。

## 「景気がよくなれば」が命取りに

GYLは、旧日本電池の照明事業部の当時から業績が低迷気味であった。その中で問題の千葉営業所だけは、幕張など担当地区の建設需要が旺盛だったので売上を伸ばし、大黒柱的な存在となっていた。しかし、その千葉営業所でも1997年頃からマンション建設の減少に伴って業績が落ち込んだことから、それを埋め合わせるために循環取引を開始したのである。

Xとしては、建設需要が回復するまでの「当座の方便」のつもりだった。いずれ景気が浮揚して売上が戻った段階で循環取引を止め、それまで計上してきた架空利益の処理は、利益を付け替える形で埋め合わせればよいというわけだ。しかし、この「皮算用」は大きく外れることになった。不況が長期化して業績は一向に回復せず、循環取引がずるずると継続されたのである。

循環取引の金額は、2003年3月期から2006年3月期にかけて急増している。もともと循環取引では、関係者がどんどん架空利益分を上乗せするので、時間の経過とともに取引金額が膨張していく傾向が認められるが、それだけが理由ではないようだ。

当時の日本電池は、主力製品である鉛蓄電池の需要が縮小し、その市場価格も下落するという厳しい事業環境に直面していた。旧ユアサコーポレーションとの経営統合に踏み切ったのはそのためである。このように経営状況が厳しいと、もともと収益力が低くて「お荷物」

となっていた照明事業部に対し、社内の視線が冷たくなるのは当然である。

事業部の関係者は、照明事業からの撤退あるいは他社への事業売却という形で整理されるのではないかと強い危機感を抱いた。そこで、事業部内で唯一業績を挙げていた（その実態は循環取引による水増しだったが）千葉営業所に対し、売上をさらに拡大するように強く要請したのである。その結果として、循環取引額がこの時期に急増することになった。

ちなみに2003年には、循環取引の関係企業の一つ、Y社が設立されている。奇妙なことに、同社には照明事業部（GYL）との循環取引以外に商売の実態が見当たらない。さらに同社は、循環取引によって約3億円の利益を計上する一方で、約2億2、000万円もの大金をX個人に貸し付けていた。しかもXは、その返済をまったく行っていなかった。

もう読者にもお分かりだろう。Y社はXが作ったダミー会社である。前述のように2003年に循環取引の金額が急速に拡大したため、Xとしても、関係企業に指図を出す作業が極めて煩雑になってしまった。そこで、循環取引をスムーズに運用できるように、自在に使える「手駒」としてY社を設立したのである。

Y社の儲けを借入金という形で自らの懐に入れていたXの行為は、実質的には会社からの横領に等しい。あくまで筆者の想像であるが、あまりにも循環取引額が膨張した結果、将来的に帳尻を合わせることが絶望的となったために、Xはなかば自棄《やけ》になって、自制のタガが外れてしまったのではないだろうか。

## 有能な社員には監督が甘い

かくも巨額の循環取引が長年にわたって発覚しなかったのは、実行者のXが非常に有能で、社内でも厚く信頼されていたからだ。

Xは、20年ほど前に千葉市美浜区所在の大型展示施設「幕張メッセ」の照明設備を受注するという大金星《きんぼし》を挙げ、社長賞を受賞した経歴を有する。さらに、地元の建築会社、自治体、設計事務所などの間に個人的なネットワークを構築し、公共工事関係の情報をいち早く入手できる体制を整備していた。営業マンとして非常に優秀であったことは間違いない。

このように「出来る男」に対しては、どうしても監督が緩くなりがちである。上司が「出来る男」を頼みにするあまり、彼の機嫌を損ねないように遠慮するからだ。「○○のやることだから」「○○に任せておけば大丈夫」などと特別扱いして、仕事の細部までチェックすることを避け、たとえ不自然な点があっても、追及せずに済ませてしまうのである。しかもXは、関係企業に細かく指示を出して、見積書・注文書・請求書等の証拠書類を取り揃えるなど、偽装工作にも抜け目がなかった。

また、GYLの社内規定では、1、000万円を超える取引については内部監査の際に精査されることになっていたので、一件の取引金額は1、000万円以下に抑えられていた。毎年数十億円に達する循環取引を、1、000万円以下の小額案件だけで処理しようとすれば、それこそ何百件という架空取引を捏造する必要がある。そのための書類作業は気も遠くなるほどの分量であり、並みの社員であったならば、簡単にボロを出していただろう。

Xが極めて優秀だったから、この煩雑な隠蔽工作を長期にわたって続けることができたのである。まことに皮肉な話であるが、有能な社員であればあるほど、それだけ内部統制上のリスクも大きくなるというわけだ。本件と同様のケースとしては、1995年に発覚した大和銀行ニューヨーク支店巨額損失事件が挙げられる（同事件について興味がある読者は、拙著「組織行動の『まずい!!』学」の207ページ以下を参照されたい）。

その対策としては、人事異動により担当者を定期的に配置換えすることが効果的である。本件についても、循環取引を主導していたXが千葉営業所から異動させられていれば、すぐに隠蔽工作が破綻して不正が明らかになったはずだ。これを逆に言うと、Xが20年以上にわたって千葉営業所に配置されていたことが、循環取引の発覚を遅らせたのである。

異例の長期配置が行われたのは、もっぱら会社側の事情によるものだ。当時の千葉営業所の業績は、GYLの年間売上額の約半分に達していた。もしもXを転勤させれば、看板営業マンを失った同営業所の売上額が大きく落ち込むおそれがあり、そうなるとGYLの経営も傾きかねない。もちろんX自身も転勤になることを恐れて、そのように吹聴して回ったことだろう。要するに、会社側がX個人にあまりに多くを依存していたために、異動させることができなかったのだ。

取引のネットワークや高度な専門知識などの属人的な能力が必要とされる業務に関しては、本件のように担当者が長期配置となることが多い。しかし、特定の社員に同一業務を長期にわたって担当させた場合、以下のような事情により、不正行為が発生するリスクが高くなる。

・当人がその業務に熟達することで、内部統制システムの弱点部分を見抜き、不正の誘惑に駆られる
・その業務に対する他の社員の理解度が低下して、周囲のチェック能力が形骸化する
・当人が取引相手と過度に親密になり、癒着が生じやすくなる

そのため金融機関では、ディーリング業務の担当者のように内部統制上のリスクが高い従

業員に対し、二週間程度の連続した休暇を強制的に取得させる「職場離脱制度（強制休暇制度）」を導入している。この連続休暇の間に、不正行為がないかどうかを業務代行者にチェックさせるというわけだ。本件についても、Xの配置転換が難しいのであれば、次善の対策として職場離脱制度を導入すべきであった。

**本当に不正に気付かなかったのか**

以上のように、Xが非常に有能な営業マンであったことから、上司のチェックがどうしても甘くなり、また、隠蔽工作も巧妙に行われていた状況が認められる。しかしそれでも、本件の循環取引はあまりに規模が大きすぎるので、千葉営業所の売上、売掛金等の月次データを他の営業所と比較すれば、以下のような不審点を把握することは容易だった。

① 千葉営業所は従業員二人の体制で、しかも営業担当はX一人だけであったのに、GYLの年間売上額の約半分という高業績を挙げていたこと

② 千葉営業所では、膨大な数の照明用ポールを取引していた一方で、それに装着すべき照明機器の売上が少なかったこと

③ 全国的に公共工事が減少傾向にあったにもかかわらず、千葉営業所の取引案件のほ

表2　受取手形および売掛金の増大　（単位：百万円）

| | 2005年3月期 | 2006年3月期 | 2007年3月期 | 2008年3月期 |
|---|---|---|---|---|
| 循環取引に関する受取手形および売掛金の残額 | 3,962 | 3,645 | 4,367 | 5,555 |
| GYLの訂正前売上高に占める比率 | 25・6% | 20・6% | 27・2% | 31・6% |

とんどが公共工事関係だったこと

④　千葉営業所では、受取手形および売掛金の残額が極めて大きかった上に、一部業者に対する与信額が社内の与信マニュアルに定める限度額を超過していたこと

ここで④について補足説明しておこう。循環取引によって千葉営業所が計上した利益は、あくまでも架空のものであって、現金化することはできない。そこでXは、表2に示すように、Y社などの関係企業に対する与信（受取手形や売掛金）を増やす形で、キャッシュフローの帳尻を合わせていた。架空利益を毎年計上していけば、関係企業に対する与信額もそれに合わせて増やさざるを得ないので、与信マニュアルの限度額を超えてしまったというわけだ。

率直に申し上げて、これほど明白な不審点の数々にGYLの関係者が誰一人気付いていなかったはずがない。さらに言えば、2006年2月の時点で、取引先がGYLの経営幹部に対して本件取引の不自然さを指摘していた事実が存在する。それにもかかわらず、千葉営業所

に対する視察や取引内容のサンプル調査などの検証活動はまったく実施されず、親会社のGYCに対する報告も行われなかった。ここまでいくと、単なる怠慢という次元を超えており、GYLの経営幹部が不正の隠蔽に消極的に加担していたようなものだ。

GYLの全売上額の約半分を占める千葉営業所で不正が発覚すれば、GYLの存続にもかかわる重大事態となることは容易に想像がつく（実際にも、本事件が発覚した後に、GYLはGYCの別の子会社に吸収合併されてしまった）。そうなれば、GYLの関係者は経営責任を厳しく追及され、職を逐《お》われるおそれもあったことから、敢えて不審点を追及せずに放置していたのだろう。このように不祥事の規模が大きく、それが発覚した場合の不利益が重大であればあるほど、関係者が事態を直視しようとせず、対応を先送りにすることが多いものだ。

## 親会社のGYCは何をしていたのか

以上のようにGYLの経営幹部は見て見ぬふりをしていたわけだが、彼らを監督する立場にある親会社のGYCは何をしていたのだろうか。

事件発覚後のGYCの説明によると、GYLに対する過去の内部監査は、主として証拠書類の確認にとどまっていて、取引の実在性に関する調査まで踏み込んでいなかった。２００８年７月のＧＹＣの社内会議において、「千葉営業所の売上金額が事業規模に比べて大きく、かつ売掛金延滞月数の長期化傾向に改善がみられない」との指摘がなされたことを契機に、千葉営業所に対する調査をようやく開始したという。しかし、この説明には疑問がある。

前述した①～④の不審点を把握するには、証拠書類の数値を概観するだけで十分であり、大した手間はかからない。子会社の経営状況に関して、この程度のことをチェックしていないほうがむしろ不思議である。また、ＧＹＣの監査室長が２００５年２月に作成した内部監査報告書には、千葉営業所に対する内部統制上の問題点についての記載があり、その取引内容に懸念を抱いていたことが読み取れる。

さらに注目すべきは、２００８年６月からＧＹＣのＭ常務がＧＹＬの取締役社長を兼任したことだ。ＧＹＬが設立されて以来、ＧＹＣの役員がＧＹＬの役員を兼務したのはこれが初めてである。しかもＭ常務は旧日本電池や旧ユアサの生え抜きではなく、かつて三菱銀行に28年間在籍した経理畑の人材で、グループ企業の経理事務を支援するジーエス・ユアサアカウンティングサービス社の社長も兼任していた。

そのＭ常務が、まったく畑違いの照明事業に社長として就任するのは異例と言わざるを得ない。最初から経理上の不審点を追及する目的で、経理担当重役のM常務がGYLに乗り込んだと考えるのが自然である。

あくまで筆者の推測となるが、GYCでは、2008年7月よりもずっと早い段階、おそらく前述の内部監査報告書が作成された頃（3年前）から、千葉営業所に対する疑念を抱いていたのではないだろうか。それにもかかわらず、早期に調査に着手しなかった理由としては、以下の三点が推察される。

その第一は、GYLに対する関心不足である。グループ全体に占めるGYLの売上高は約6%、従業員数では約1・5%にすぎず、GYCにとって「本流」の電池事業と比較すると、照明事業の存在感はあまりに小さかった。この「傍流」部門のGYLに対して、GYCの経営陣はさほど関心を払っていなかったので、監査部門の指摘に対しても敏感に反応しなかった可能性が高い。

第二の理由は、GYLに関する知識不足である。GYLの照明事業は、GYCの「本流」である電池事業との関連性が薄く、他部門との人事交流がほとんどない状態であり、当時のGYCの経営陣にも照明事業の経験者が一人もいなかった。そのため、知識不足の分野にみだりに口出しをして恥をかきたくないという心理に陥り、GYLに対する介入をなるべく避けようとした可能性がある。

第三の理由として挙げられるのが、不祥事発表のタイミングである。２００４年に経営統合して以来、ＧＹＣの業績はなかなか伸びず、株価も低迷を続けていた。経営者の立場からすれば、そのような時期に不祥事を発表するのはなるべく避けたいところだ。しかし、２００８年夏には経営環境がすっかり好転した。

６月に発表された２００７年度決算では、売上高が対前年度比19・７％増となり、さらに環境対策の関係で同社のリチウムイオン電池技術に世間の注目が集まっていた。それまで２０００円台であった株価も２００８年２月から上昇を続け、６月19日には過去最高値の６３０円を記録した。この順風下であれば、不祥事が発覚してもそのダメージを十分に受容できるとの判断から、ＧＹＬの調査に着手したのではないだろうか。

## 機能しなかった内部通報制度

千葉営業所には、Ｘの他に女性従業員のＺが配置されていた。ＺもＸの取引の不自然さに疑問を抱いていたが、その点についてＸに問い質《ただ》すわけにもいかなかった。ＸはＺの上司という立場にある上に、ＧＹＬのトップ営業マンで、なおかつ20年以上にわたって千葉営業所に勤務する大ベテランでもある。一介の事務担当者にすぎないZでは、とうてい太刀打ちできる相手ではなかった。

ＧＹＣでは、グループ全体を対象とする内部通報制度を２００５年の時点で導入していたので、Ｚはこの件について内部通報することも考えたが、結局は自分の胸にしまい込んでしまった。これは、ＧＹＣの内部通報制度に欠陥があったためだ。

同制度では、通報者に対して氏名を明らかにすることを要求していた。しかしＺとしては、親会社の通報窓口であっても、自分の名前を告げる気持ちにはなれなかった。重役でさえも遠慮するほどのＸのことだから、たとえ通報したところで調査がどこまで進むか分かったものではない。逆に自分が通報したことが何らかのルートでＸに漏れ、ひどい嫌がらせをされるかもしれないと懸念したのだ（これ以外にも、通報をしなかった理由がもう一つあるが、それについては後述する）。

近年、ＧＹＣのように内部通報制度を整備する企業が増えているが、制度が実際に機能しているとは限らない。通報者の側は、組織から不満分子と見なされるのではないか、通報した事実が関係者に漏れて報復されるのではないか等の不安に怯《おび》えているものだ。その不安が高じれば、せっかくの内部通報制度が利用されず、不正に関する情報が埋もれてしまうことになる。これを逆に言うと、内部通報制度を機能させるには、通報者が抱いている不安を解消することが不可欠となる。そのための具体的な方策としては、以下の三点が挙げられる。

①　通報者の保護に関する規定を明文化すること
②　匿名での通報を認めるなど通報者の秘密保持に努めること
③　社外の信頼できる機関に通報窓口を設置すること

①は、通報者保護に関する企業側の基本姿勢を内外に表明するものだ。例えばＮＥＣグループでは、「この規範に違反した行為または違反するおそれのある行為が行われていることを知ったＮＥＣグループの役員および従業員は、ＮＥＣヘルプラインもしくは各社の相談・申告窓口に相談してください。（中略）この場合において、相談者は、相談した事実によってなんらの不利益も受けることはありません」と行動規範に規定している。

②については、企業側が通報者の秘密保持に配慮するのは当然だが、注意しなければならないのは、その取り組みが通報者に「見える」ようにすることだ。「我が社では通報者の秘密保持に心がけています」といくら説明しても、通報者の側は、「本当にちゃんとやっているのだろうか」と疑心暗鬼になる。そこで、企業側がどのように秘密保持に取り組んでいるのか通報者に見えるようにすること、すなわち秘密保持システムの「見える化」が重要とな

る。匿名での通報を認めることは、この「見える化」の第一歩である。

現実には、GYCのように通報者に氏名の開示を求めている企業が少なくない。これは、匿名での通報を認めると、根拠が明らかでない通報や誹謗中傷を目的とする通報が多くなると懸念しているためだ。しかし、そのような雑多な通報を排除しようとすれば、肝心の不正情報までも入手できなくなることをGYCの失敗は教えている。経営者としては、「内部通報制度によって集まる情報は玉石混交で構わない」と割り切った上で、それをスクリーニングするための体制の強化に努めるほうが賢明である。

また、通報者の秘密保持は、通報の受理時だけでなく、それ以後のすべての対応を通じて配慮すべき問題である。例えばエーザイでは、内部通報により不正を指摘された部署を調査する際には、通報内容と関係のない他の部署に対しても同時に調査を実施して、通報者の身元が特定できないように措置している。

③の社外通報窓口の設置は、内部通報制度それ自体の信頼性を高めるのに有用である。日本企業の中には、不祥事の隠蔽に汲々としてきた「過去」を持つものが決して少なくない。そうなると、「内部通報制度を導入したのはあくまでも建て前で、本質は変わっていないのではないか」と通報者に疑われても仕方がないところだ。かつて不祥事隠蔽の司令塔であっ

た総務部門に通報窓口が置かれていればなおさらである。そこで、通報窓口を社外の第三者、できれば法律事務所などの社会的信用が高い機関に設置することにより、制度の公正性・中立性をアピールしようというわけだ。

**内部通報を引き出すための対策**

前述した①〜③の措置は、あくまでも通報者の不安を解消するための方策であって、それだけでは十分とは言えない。できる限り多くの通報を引き出すためには、さらにもう三点の対策が必要となる。

④　組織内だけでなく、協力会社、取引先など広い範囲からの通報を受理すること
⑤　通報者にとって使い勝手がよくなるように配慮すること
⑥　内部通報制度の広報に努めること

④は、不正に関する情報が社内だけに存在するわけではないということだ。例えば、雪印食品の牛肉偽装事件を告発したのは、問題の牛肉を保管していた倉庫業者だった。このように協力会社や取引先が不正行為の実情を承知しているケースは決して珍しくないので、部外者に対しても通報窓口の門戸を広げておくことが必要である。

また、⑤に示したように、内部通報制度は通報者にとって使い勝手がよくなければいけない。もともと通報者は心中に躊躇《ためら》いを抱いているので、通報に手間がかかるようだと簡単に諦めてしまうからだ。

一例を挙げると、社外通報窓口をビジネスとしているインテグレックス社では、平日の午前7時から9時までと、午後5時から7時までの二つの時間帯で通報を受け付けている。これは、勤務時間中には周囲の目があるので、通報者が電話を掛けにくいことに配慮したものだ。このように実に些細なことが、通報がなされるかどうかの分かれ目となる。

本事件でZが通報をしなかった理由として、Xによる報復を懸念した点について前述した。もう一つの理由が、この使い勝手の問題である。GYCでは、社外の法律事務所に通報窓口を設置しており、その点では進歩的であったが、グループ内の従業員に教示したのは通報先の事務所名と電話番号だけだった。担当弁護士の氏名や、その番号が担当弁護士に直通となっていることを説明していなかった。そのためZは、電話を掛けても事情をあれこれ詳しく説明しなければ話が通じないだろうと考え、通報を躊躇してしまったのである。

⑥は、通報者が内部通報制度の存在を認識していなければ意味がないということだ。社内に対して繰り返し広報するのは当然だが、協力会社や取引先など社外にまで制度を浸透させ

るのは非常に難しい。この件について良策は見当たらず、とにかく粘り強く広報活動を続けていくしかない。

　最後に、興味深いケースを紹介することにしよう。２００９年3月、オリンパス社の男性社員が東京弁護士会に対して人権救済を申し立てた。その申立書によると、同社員は、上司が不正競争防止法に違反（営業秘密の侵害）した疑いがあるとして、２００７年6月に社内の内部通報窓口に通報したが、この通報内容がその上司に電子メールで報告され、同年10月には閑職への異動を命じられたという。

　この申し立てに対してオリンパス社側は、「通報者の情報の取扱いに問題はなかった」「人事異動と通報との関連はない」などと全面的に否定しており、筆者としては、両者の主張の是非を論じるだけの材料を有していない。しかし、間違いなく言えるのは、この一件によって同社の内部通報制度に対する信頼が大きく失墜したということだ。そして、社員から信頼されていない内部通報制度は、画《え》に描いた餅にすぎないのである。

# 第3章

# 特殊な業界構造に起因する不祥事

# 3－(1) 業界内の対立構造がもたらした情報の断絶

## ―シンドラーエレベーター死亡事故―

### 酷使されるエレベーター

我々の身近に存在する機械の中で、最も酷使されているものは何か。自動車だろうか？否、答えはエレベーターである。

大まかな数字を挙げると、乗用車の平均使用年数は12年、廃車になるまでの走行距離は6万キロ、走行時間は3,000時間といったところだ。それに対して、エレベーターの平均使用年数は、なんと35年である。つまり、ビルを建設してから取り壊すまで、ずっと同じエレベーターを使い続けることが普通なのだ。その間のエレベーターの稼働時間は、実に19万時間に達する。

これほどエレベーターを酷使していても、我々にはその実感がない。エレベーターはあって当然、動いて当然と考えている。そのような意識を打ち砕く事件が、2006年6月に発生した。港区住宅公社が管理する公共住宅「シティハイツ竹芝」において、エレベーターが

〈出典：JST 失敗知識データベース〉

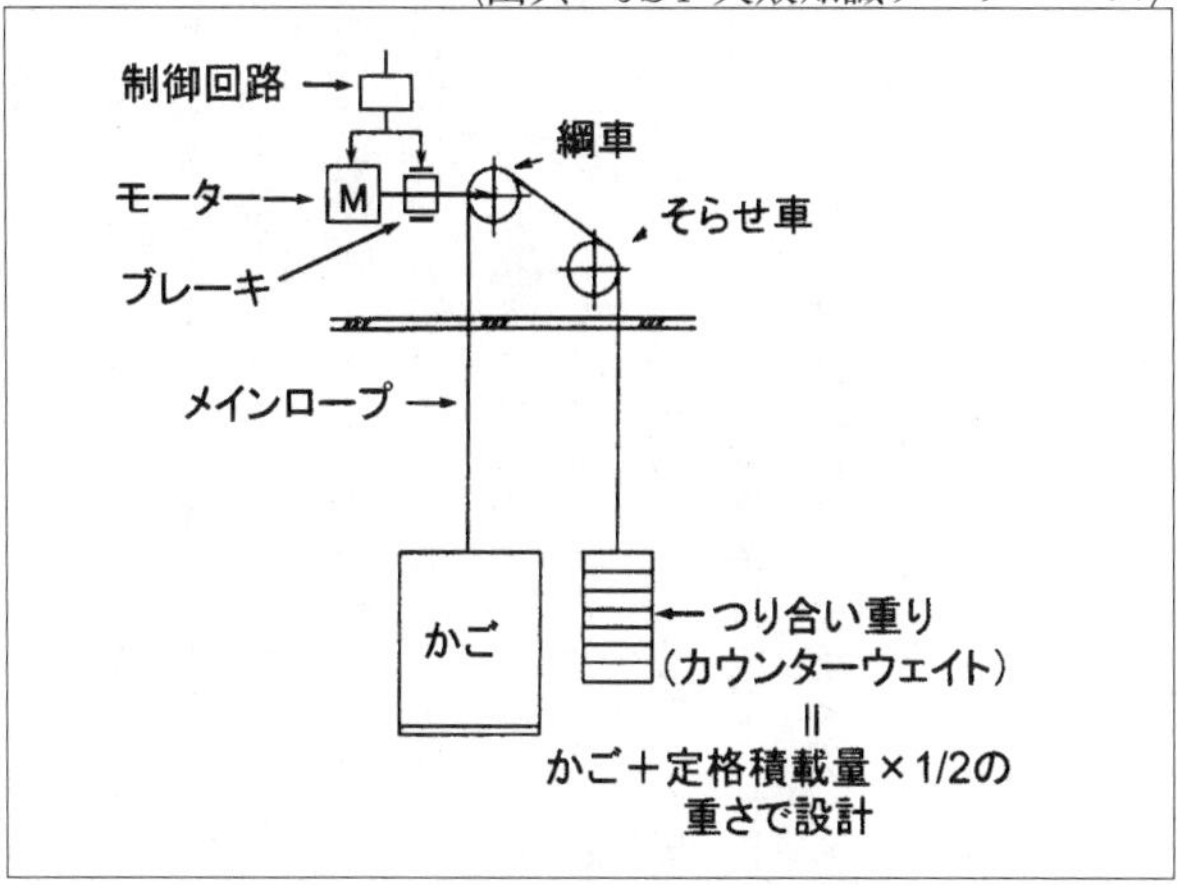


エレベーターの基本構造

突如として開扉状態のまま上昇したため、降りようとしていた高校生がエレベーターと建物の天井の間に挟まれて死亡したのである。

事故機はシンドラー社製で、住民の話によると、以前から不具合が続出していたという。そのため、事故直後の報道では、エレベーターに何らかの構造的欠陥があったのではないかという論調が支配的だった。しかし、その後の調査によって、杜撰《ずさん》な保守作業によって事故が引き起こされたことが判明した。

事故機の基本構造は、綱車（巻き上げ機）にかけられたワイヤーロープの両端に「かご（人が乗る部分）」と「つり合い重り」が吊り下げられたトラクション式である。時代劇に出てくる井戸の釣瓶《つるべ》のような仕組みと考えていただきたい。

綱車のモーターには円筒型のブレーキドラムが接続し、エレベーターの停止時には、このブレーキドラムをブレーキパッドが挟み込む形で綱車を止めている。そして、エレベーターを昇降させる時にだけ、電磁コイルからの電気信号によりブレーキパッドが離れてブレーキが解除され、モーターの力で綱車が回転して「かご」を上下させるのである。

事故機は、電磁コイルの故障によりブレーキが完全に解除されず、ブレーキドラムとブレーキパッドが接した状態で運転を続けていた。そのためブレーキパッドが異常に摩耗し、最終的にはブレーキが機能しなくなったのである。

「つり合い重り」の重量は、「かご」の重量プラス定格積載量の1／2に設定されている。この機種は定員28名、定格積載量1、850キロなので、その半分の925キロがプラスされていた。事故時に「かご」に乗っていたのは、被害者の他に一人だけだったので、「つり合い重り」のほうが重くなる。そのため、ブレーキが利かなくなると「つり合い重り」が下降して、「かご」が上昇したというわけだ。

## 事故原因は杜撰《ずさん》な保守作業

ここで、読者の皆さんは「このエレベーターには非常停止装置が付いていなかったのか？」という素朴な疑問を抱いたことだろう。たしかに非常停止装置は設置されていたが、本件では役に立たなかった。なぜならば、この装置は「かご」の落下を防止するためのもので、今回のように「かご」が上昇するケースには対応していなかったからだ。

エレベーターが普及したのは19世紀であるが、その当時はエレベーターを吊り下げるロープの耐久性が十分でなかったため、ロープが破断して「かご」が落下する事故がしばしば発生した。そこで、「かご」の落下防止を念頭に置いて、非常停止装置が開発されたのである。今日ではロープの性能が飛躍的に向上し、ロープが破断する事故は絶無と言ってよいが、この歴史的経緯に引きずられて、非常停止装置は相変わらず落下防止用に設計されていた。

本件のように「かご」の上昇が事故につながるケースは、少し考えれば誰でも思い付きそうなことである。しかし、エレベーター業界で長年にわたって仕事をしていると、「非常停止装置とはこういうものだ」という固定観念にはまり、そのリスクが見えなくなっていたのだ。過去の経験や専門知識は非常に有用であるが、本件のように思考を狭い範囲に閉じ込めてしまう「檻《おり》」ともなり得ることに注意が必要である。

前述のようにエレベーターの使用状況は極めてハードであり、適切なメンテナンスを行わなければ、安全な運行を確保することができない。建築基準法第8条第1項は、「建築物の所有者、管理者又は占有者は、その建築物の敷地、構造及び建築設備を常時適法な状態に維持するように努めなければならない」と規定し、建築設備であるエレベーターについても、その安全保持の責任は建物の管理者側にあるとしている。しかし、エレベーターのメンテナンスはとても素人の手に負えるものではなく、専門の保守業者が受注しているのが現実である。

事故機の保守作業は、シティハイツ竹芝が1998年3月に完成して以来、随意契約によりメーカーのシンドラー社が担当していた。しかし、随意契約が行政側と一部企業の癒着の温床になっていると世間の批判が厳しくなったことから、港区住宅公社では指名競争入札に切り替えた。その結果、2005年度にはN社、事故が発生した2006年度はS社が、この保守作業を受注した。

S社では、事故の発生までに4回の定期点検を実施していた。直近の点検は事故のわずか9日前である。再現実験によると、既にこの点検の時点で、ブレーキパッドの摩耗によって生じた黒い粉が現場付近に堆積していたという。S社の作業員がその異常を見落とし、適切な修理を行わなかったことが、本事故の直接の原因である。

ただし、現場作業員のケアレスミスといった単純な話ではない。この異常が見落とされた背景には、エレベーターを取り巻く特異な業界構造が存在する。

**エレベーター業界のビジネスモデル**

日本のエレベーター業界は、三菱電機、日立製作所、東芝エレベータの三社で市場の７割強を占め、それに日本オーチス・エレベータおよびフジテックを加えた大手五社のシェアが97・８％に達する寡占状態である。シンドラー社は、世界的には最大手のオーチス社に次ぐ第二位のエレベーター製造会社であるが、日本国内でのシェアはわずか１％にとどまっていた。

シンドラー社のシェアが伸び悩んでいたのは、日本の建設業界に特徴的な一括請負方式と関係がある。この一括請負方式の下では、建設会社側がエレベーターの機種を事実上選定することになるが、１９８５年に日本に進出した後発のシンドラー社は、建設会社とのコネクションが弱かったのだ。

エレベーター業界の基本的なビジネスモデルは、エレベーター本体を大幅に値引きして販売する一方で、その後の定期的な保守点検作業をメーカー自らあるいは系列の保守業者が受注することにより、長期的に利益を確保するというものである。要するに、建設会社には赤字覚悟で販売し、後でビルの管理者からがっぽり稼いで帳尻を合わせるわけだ。

このような商売がまかり通るのは、エレベーターの特殊性による。エレベーターは、どれも似たようなものに見えるが、各メーカーの独自技術がふんだんに注ぎ込まれており、機器や部品の互換性は無きに等しい。当然、点検要領もメーカーごとに大きく異なり、ロープに塗るグリス一つを取っても、各社で微妙に成分が違っているほどだ。

そのため、メーカー系の保守業者は他社製の機種を点検せず、もっぱら自社製のエレベーターだけを対象にしている。この「棲み分け」がミソなのだ。A社のエレベーターを設置したビルの管理者は、保守管理をやはりA社の系列業者に委託せざるを得ない。他社から相見積もりを取ろうとしても、「ウチではこの機種は点検できませんので……」と断られてしまう。そうなると、A社の言い分どおりのカネを支払うしかない。つまり、エレベーターを設置した時点でメーカー側は顧客を囲い込み、その後の保守点検で甘い汁をたっぷり吸うことができる。

これと似たようなものとして、携帯電話を1円で販売する代わりに通話料を高めに設定したり、プリンターを安く販売する代わりにインクカートリッジを高値にしたりする商法がある。ただし、これらの場合は同じ財布から時間差でカネが出ていくだけだ。エレベーター業界のやり方は、エレベーターを人質に取る形でビルの管理者に負担を強制し、一方で建設会社にはアメを舐めさせるという仕組みであり、相当にえぐいと言わざるを得ない。

**独立系業者とメーカーの対立**

以上のようにメーカー系列業者はまことに美味しい商売をしており、その売上高営業利益率は７～９％に達する。この数字は、サービス業平均の２・２％を大きく上回るものだ。経済学では、正常な水準を超えた利益を「超過利潤」と呼ぶが、まさにそのレベルにあると言えよう。

このように超過利潤を獲得できる業種には、外部から新しい競争相手が次々と参入することで利幅がだんだんと縮小し、最終的には正常水準に至るというのが経済原理である。エレベーター業界でも、近年では、メーカー系列に属していない「独立系」と呼ばれる保守業者が次々と現れていた。事故機の点検を受注していたＮ社とＳ社も、この独立系保守業者である。

前述のようにエレベーター保守業務を競争入札にかける動きが広がったことが、独立系業者にとっての追い風となった。2007年の段階で、大手五社の系列業者のシェアは81・5％にまで低下している。前述のようにエレベーター本体のシェアがほぼ100％であるので、2割近くの取引を独立系に奪われたことになる。

さらに、独立系に対抗するためにメーカー系列業者も入札価格を下げざるを得ず、結果的に契約金額も下落するというダブルパンチとなった。かくして独立系業者に「飯のタネ」を食い荒らされたメーカーでは、以下のような対抗措置を取った。

①「独立系保守業者に委託するとメンテナンスに支障が生じる」などの不利益情報を流布させる
②交換部品や専用の調整器具などの保守用部品を独立系に供給しない
③独立系に対する保守用部品の納入を不当に遅らせる（部品の在庫があるのに、60日や120日といった長い納期を設定する）
④独立系に保守用部品を販売する際に、系列業者向けと比較して不当に高い価格を設定する
⑤エレベーターに関する技術情報を独立系に提供しない

①～④は、「不当な取引妨害」「不当な取引拒絶」あるいは「不当な差別対価」と見なされ、独占禁止法に抵触する行為である。そのため、独立系業者としては法的手段により対抗することが可能であり、実際にも、公正取引委員会が某メーカーの系列業者に排除勧告を行ったケースがある。しかし、残る⑤の行為については打つ手がないのが現状だ。

**提供されない技術情報**

適切なメンテナンスを行うには、エレベーターの頭脳である制御盤のソフトウェア、電気系統の設計図、整備マニュアル、過去の定期検査記録、不具合の修理記録、部品交換履歴など様々な技術情報が不可欠である。例えば、各種機器をどのように調整すればよいかは整備マニュアルに記載されており、また、過去の定期検査記録や修理記録がなければ、点検の際に注意すべきポイントが分からない。

しかし現時点では、こうした技術情報の提供を義務付ける法律は存在せず、メーカー側では、商売敵《がたき》である独立系に対して技術情報を徹底的に秘匿している。まことに恐ろしい話だが、エレベーターの設計・製造上の欠陥に関するリコール情報さえも明らかにしていないという。

独立系業者の多くは、大手五社の技術者がスピンアウトして設立した会社なので、それなりの技術力はある。また、メーカー系列業者の退職者を雇用したり、あるいは現役社員をヘッドハンティングしたりするなど情報収集にも余念がない。それでもメーカー系列業者と比較すると技術情報の不足は否めず、それが本件事故を引き起こした原因と考えられるのだ。

事故機のブレーキには、ブレーキパッドを押さえるナットの締め付け具合のミスや、パッドの角度調整のミスなど複数の異常があったことが判明している。これらの調整をうまくできなかったのは、S社の作業員に当該機種に関するノウハウが不足していたからだ。シンドラー社でも整備マニュアルを独立系に提供していなかった上に、前述のように同社製品はシェアが非常に小さく、取扱い件数が少なかったので、情報不足が特に深刻であったようだ。

その意味では、シンドラー社が技術情報を秘匿したことが事故の一因であり、同社の道義的責任は重いと言わざるを得ない。ただし、同社を非難すればそれで終わりという問題でもない。なぜならば、技術情報を提供していなかったのは、他のメーカーも同じだからだ。しかも、こうして死亡事故が現に発生したにもかかわらず、シンドラー社以外のメーカーでは、独立系に対する姿勢を変えていないのである。

将来的には、独立系保守業者の情報不足がむしろ拡大する傾向にある。エレベーターのハイテク化が進み、技術情報がどんどんブラックボックス化しているからだ。例えば、最新の機種は、保守作業をスムーズに行うために、制御盤のコンピューターが故障箇所や故障原因に関するデータを記憶しているが、メーカー側では、このデータの読み取りに必要なメンテナンスコントローラー（メンテコン）を部外に販売していない。つまり、独立系保守業者は肝心の故障情報にアクセスできないのである。

今後も独立系業者が情報不足のまま手探りで保守作業を続けていけば、整備ミスの発生する確率が高くなるのは当然である。メーカー関係者には、「正規のメンテナンス要領を教えられていない作業員が掃除程度のことで済ませていれば、数年でエレベーターに大きなトラブルが発生する」と語る人もいる。日本国内で約70万台ものエレベーターが稼働し、毎日のべ６億人の人命を乗せている事実を考えると、まことに慄然とせざるを得ない。

**独立系のダンピング入札**

ここまではメーカーに対して厳しいことを申し上げてきたが、独立系業者の側にも問題がないわけではない。

経済学的には、エレベーター業界のような寡占構造では、各事業者の間で競争が回避され、高水準で硬直的な価格が維持されるなどの弊害が生じやすい。消費者利益の擁護という観点から、独立系保守業者の存在は非常に有用である。その一方で、一部の独立系業者が過当競争状態に陥り、極端なダンピング入札を繰り返して市場を混乱させるという問題が現実に発生している。

表1は、本件の事故機に対する保守業務の契約金額である。競争入札が2003年度に開始されて以来、わずか三年で7割以上も落札価格が低下していることが読み取れる。独立系が入札に参加することで価格が下がるのは当たり前としても、普通であれば下落の幅は30％前後というところだ。これほどの低下は異様と言わざるを得ない。さらに問題なのは、2006年度に1200万円という極端な低額で落札したS社が、その見積もりに当たってほとんど情報収集を行っていなかったことだ。

エレベーターの保守契約は、契約期間中に発生したすべての不具合に対して保守業者が責任を負う「フルメンテナンス契約」が基本である。この契約方式では、もしも契約金額以上にメンテナンスに手間がかかれば赤字となってしまう。そのため保守業者としては、メンテナンスの所要量を事前に評価することが重要となるが、機種と使用期間の長さだけでは判別できない。過去のメンテナンスが不十分だった場合や、使用環境に問題があった場合などに

表1　港区住宅公社の契約金額

| 年度 | 契約形態 | 受注会社 | 契約金額(税込) | 対2002年度比 |
|---|---|---|---|---|
| 2002 | 随意契約 | シンドラー社 | 4,460,400 | |
| 2003 | 指名競争入札(6社) | シンドラー社 | 4,460,400 | 100・0% |
| 2004 | 指名競争入札(6社) | シンドラー社 | 3,645,600 | 81・7% |
| 2005 | 指名競争入札(4社) | N社(独立系) | 1,633,200 | 36・6% |
| 2006 | 指名競争入札(4社) | S社(独立系) | 1,209,600 | 27・1% |

は、それだけ機械の消耗が激しく、メンテナンスの負担が大きくなるからだ。

ところがS社では、現物を確認せず、その故障履歴も調査しないで見積もり額を決定していたのだ。同社はこの金額でも利益を十分に確保できると強弁しているが、その説明は受け入れがたい。

前年の2005年度に163万円で受注したN社は、事故機は不具合が相次ぐなど臨時の点検が多く、163万円では採算が取れなかったとして、2006年度には2・5倍の400万円で応札していた（見方を変えれば、2005年度にはN社もいい加減な見積もりをしていたことになる）。S社がどんなに企業努力をしても、120万円で採算が取れるとは思えない。

あくまでも一例にすぎないので、N社とS社についてこれ以上追及するつもりはない。しかし、独立系の一部に、このようなダンピング受注を繰り返す業者が現に存在する。安値で受注すること自体は決して悪い話ではないが、業者側としては、慈善事業をしているわけではない以上、破格値で受注してもちゃんと算盤《そろばん》を合わせようとする。そのやり方が問題なのだ。

### 情報の非対称性とモラル・ハザード

経済学では、ある取引主体ともう一つの取引主体の間で、持っている情報に格差がある状態を「情報の非対称性(asymmetric information)」と呼ぶ。この情報の非対称性が存在する場合、情報優位者がそれを利用して非倫理的な行動を取る「モラル・ハザード(moral hazard)」が発生しやすい。エレベーターの点検業務は、素人の発注者側がその品質を評価するのが困難という点で、この情報の非対称性に当てはまる。要するに、業者側が少しぐらい手を抜いたところで、発注者には分からないということだ。

悪質な業者がダンピング受注をして、なおかつ利益をひねり出そうとすれば、点検項目を省略するのが一番である。一件当たりの点検時間が短くなり、作業員が一日に何件も回ることができるからだ。また、消耗部品の交換を先送りするという手もある。部品の耐用年数には十分な安全余裕を見込んでいるので、交換を遅らせたところで、すぐに事故が起きるものではない。

ちなみに現行制度では、定期検査の項目、検査方法、適否の判定等についての明確な基準はない。それどころか、粗雑な検査を行った業者に対する処分規定さえもない。つまり、点検業務の質的低下に対する歯止めが存在しないということだ。悪質業者にとっては、まさにやりたい放題である。独立系の一部には、給料が安くて済むように素人同然の作業員を使っている業者や、『点検中』との表示をぶら下げているだけで、実際には作業をほとんどしていない業者さえいるという。

報道によると、本事件を引き起こしたＳ社もかなり悪質だったようだ。シンドラー社製品の技術情報がないのに保守業務を受注したことにも問題があるが、そもそも同社には作業員の経験年数や技量に応じて社内教育を行う仕組みがなかった。さらに、社長自らが、普通であれば１時間前後かかる日常点検について「15分でできる」「素人でもできる」などと、会議や朝礼の場で社員に指示していたという。ちなみに、この社長をはじめとする４人のＳ社関係者が、本件のエレベーター死亡事故に関する業務上過失致死容疑で送検されている。

悪質業者としても、いい加減な保守作業を続けていれば、いつかは大変な事態になることはよく分かっている。そこで、翌年の入札時には、前年の何倍もの金額を提示する。当然、落札を逃すことになるが、それでも一向にかまわない。杜撰な点検により危険になったエレベーターを別の業者が引き受けてくれるのだから。入札が年度単位であることを悪用して、ろくなメンテナンスをせずに一年だけカネを稼ぎ、後は野となれ山となれというフリーライダー行為である。

あるメーカーの担当者は、次のように筆者に語った。「ビル管理者が、独立系に保守をやらせたらエレベーターの調子が悪くなったと泣きついてくることがあります。しかし我が社では、絶対に引き受けませんよ。これは意地の問題ではありません。そのエレベーターがどういじられたか分からないから、怖くて手を出せないのです。人命を乗せて運ぶエレベーターに何か事故が起きたら大変なことになります。いい加減な点検をした悪質業者のツケを我が社が払うなど、真っ平御免ですよ」

余談となるが、ダンピング受注とそれによる品質の悪化という問題は、最近、様々な分野で発生しつつある。その最たるものが公共工事である。国土交通省では、低入札価格調査制度に基づき諸対策を緊急に実施しているが、焼け石に水であるようだ。諸外国では、手抜き工事をされた橋が落ちるといった事故がたまに発生しているが、いずれ日本もそのようになるのかもしれない。

一昔前の公共工事の発注には、たしかに不透明な部分が多く、業者にとって旨味の大きい仕事だったことは間違いない。その一方で業者側は、いい加減な工事をすると次から外されてしまうので、品質面については格別の注意を払っていた。これと比べて現状はどうだろうか。たしかにコストは下がったものの、「安物買いの銭失い」になっていないか危惧されるところだ。

### 不自由な選択を迫られるユーザー

前述したような悪質業者は、独立系の中でもごく一部であろう。しかし、それを見分けることが困難である以上、発注者としては、独立系に不安を抱くのが当たり前である。その結果、「信頼性は高いが高価格のメーカー系列業者」と、「低価格だが信頼性が低い独立系保守業者」の間で不自由な選択を迫られることになるのだ。

この状況を改善するためには、メーカーと独立系業者の双方が痛みを分かち合う対策が必要である。その第一は、点検業務を遂行する上で必要な技術情報の範囲を定め、それを独立系に提供するようにメーカー側に義務付けることだ。もちろん、これらの技術情報はメーカーの知的財産でもあるので、独立系から適正なロイヤルティを徴収する権利をメーカー側に認めてやらなければいけない。

対策の第二は、悪質業者による手抜き作業を防止し、点検業務の品質を確保するために、検査項目や検査方法に関する基準を作成することだ。独立系業者とすれば、業務の自由度を奪われる上に、検査用機材の購入などで負担を強いられるがやむを得まい。現に問題が発生している状況に鑑みれば、第三の対策として、検査基準の実効性を担保するための監視機関を設立し、違反業者に対する処分権限を与えることも必要だろう。

本件死亡事故を受けて、国土交通省の社会資本整備審議会ではエレベーターの安全確保について審議した。本来であれば、以上のような対策を導入する絶好の機会であり、それこそが被害者に対する最大の追悼であったはずだ。しかし、同審議会が早急に講ずべき施策に挙げたのは、対策の第二、検査に関する基準の設定だけだった。

第一の技術情報の提供については、わずかにリコール情報を取り上げたのみである。その他の事項については先送りとするか、そもそも検討課題としていない。要するに、「業界の利害調整にまでは踏み込みたくないので、後は業界の内部で宜しくやってくれ」というスタンスである。

しかし、業界レベルで対策を打ち出せるような状況ではない。メーカー系と独立系がそれぞれの業界団体を設置して対立しているため、双方が議論をする場さえ存在しない。また、独立系の中には、そもそも業界団体に加入していない業者も少なくない。つまり、事業者による自主的な解決は当面期待できないということだ。

そうなると、ビル管理者は自己防衛を図るしかない。競争政策の観点からは決して好ましいことではないが、「安全にはカネがかかる」と割り切って、従来どおりメーカー系列業者に発注するというのも、一つの選択肢である。

ちなみに、本事故の当事者であるシティハイツ竹芝の事故調査委員会は、「現状では、メーカー系保守事業者がエレベーターを安全かつ円滑に運行する上で必要な制御システムの技術情報を最も多く保持しており、安定して部品の供給を行え、不具合等不測の事態が生じた場合に因果関係を特定しやすく、責任等を明確にしやすいため、区としては、各メーカー別に平成19年度の点検保守委託を特命で随意契約することが妥当である」と提言している。

その一方で、敢えて独立系保守業者に発注するのであれば、リスク管理対策として、少なくとも次のような手は打っておくべきだろう。

・点検の度に業者が提出する作業報告書を保管し、新しい保守業者に確実に引き継ぐこと

・入札参加業者が当該機種について十分な整備実績を有しているかどうかを確認するこ

と

・業界関係者から情報を収集して、入札参加業者の評判を探るとともに、適正な契約価格の目安をつけること

・複数年契約とすることで、業者のフリーライダー的行為を予防すること

### マスコミ報道の傷痕

最後に、本事故を巡るマスコミ報道について少し述べることとしたい。

前述のように、事故の直接的な原因は、独立系業者による点検の不備である。保守業務に必要な技術情報を提供していなかった点についてシンドラー社の責任は否めないが、これは業界に共通する懸案であり、同社だけを批判するのは適当でない。少なくとも本事故の後で実施された緊急点検の結果では、同社のエレベーターの品質が他社よりも格段に落ちるという事実は認められなかった。

それにもかかわらず、日本国内ではシンドラー社に対して極めて否定的なイメージが定着した。本事故が発生してから三年以上経過しても、同社の新規受注はゼロという状況である。これは、明らかにマスコミ報道が影響している。

事故の発生直後からエレベーターの欠陥が原因と決めつけ、「殺人エレベーター」などと不安を煽りたてる報道をさかんに行った上に、その後も同社製のエレベーターに不具合が発見されるたびに、「またシンドラー社」と大きく報道したのだからたまらない。ここまで叩かれたのは、事故直後に同社が被害者の遺族に謝罪せず、また、マスコミへの情報提供もしなかったことで、記者たちの強い反感を買ったためらしい。

しかし、シンドラー社の対応ぶりには、同社なりの考えがあった。事故直後の段階では、そもそも事故の原因が不明なので、同社に非があるかどうかも分からない。それなのに『謝罪』をするわけにはいかないではないか。また、同社では競争入札に敗れて以来、一年以上も事故機を整備しておらず、そもそも具体的な情報を持ち合わせていなかったのである。

これに対して、一部の評論家は「日本人の心情を理解していなかったことが同社の危機管理の失敗である」と断じている。日本でビジネスをしている以上、日本人の感情に即した対応をすべきであったというのは一理ある。しかし、論理的には同社の主張のほうが正しい。国際的に見れば、法的責任が不明な段階で謝罪を要求する日本社会のほうがむしろ異質なのだ。

そもそも現代の事故は極めて複雑で、関係者も多岐にわたるものが多く、誰がどのような範囲で過失を犯したのかを認定することは非常に難しい。それにもかかわらず、事故直後のろくに調査も進んでいない段階で、マスコミは性急に結論を出そうとする。

その結果、本件のように不正確な情報やミスリーディングな解説を洪水のように垂れ流し、人々の脳裏に誤ったイメージを植え付けてしまうのだ。マスコミが世論形成に大きな影響を与えていることを踏まえれば、情報が不足している初動段階では、悪者を一方的に決めつけるような報道姿勢は厳に慎むべきであろう。

しかもマスコミは忘れっぽく、鮮度の落ちた事件には見向きもしないため、何ヵ月も経って漸《ようや》く真相が究明された時には、ろくに報道してくれない。かくして世間に流布した誤ったイメージが、そのまま修正されずに残り続けることになる。本事件について言えば、シンドラー社には何十年も消えることのない烙印が押される一方で、杜撰な点検をした独立系業者の社名を知る者は少なく、さらにその背景となった業界構造もそのまま放置されているのである。

最後に面白いエピソードを紹介しよう。2009年4月1日夜、私は本稿の原案を頭の中で練りながら家路を急いでいた。アパートに到着し、いつものようにエレベーターのボタンを押したところ、見慣れぬ表示が目に付いた。それには、「4月1日より、当エレベーターの保守管理はＳ社が担当することになりました」と書いてあった。そう、エレベーター死亡事故は決して他人事ではないのだ。

# 3―(2) 売上至上主義の組織文化

## ―加ト吉循環取引事件―

### 循環取引という麻薬

筆者は関東での生活が長く、もともとは蕎麦《そば》一辺倒であったが、四国の高松に赴任して以来、うどんの旨さに目覚めた。いりこ出汁《だし》の効いたつゆに浸かった、小麦の風味たっぷりのなめらかなうどんに、薬味のおろし生姜を入れてすするのは、まさに口中の悦楽である。しかも、その味をわずか300円程度で楽しめるのだからたまらない。昼飯の9割以上を、役所の近くにあるうどん屋で摂《と》るようになった。

関東に戻ってからも、無性にうどんが食べたくなることがある。そんな時に買ってくるのが加ト吉の冷凍うどんだ。冷凍食品だからと馬鹿にしてはいけない。地元香川の人もなかなかのレベルと認める味であり、読者諸兄もぜひお試しいただきたい。

2007年1月、その加ト吉において、常務執行役員兼水産事業本部長のXが巨額の循環取引を行っていたことが明らかになった。ジーエス・ユアサ事件のところでも説明したが、

「循環取引」とは、複数の企業が共謀して商品の転売を続け、やがては最初に販売した企業が当該商品を買い取ることにより成立する環状の取引構造である。

Xは、与信取引の一種である帳合取引を偽装して、問題の循環取引を行っていた。この「帳合取引」とは、取引が確定している二企業（仕入先企業と販売先企業）の間に、高い信用力を持つ第三の企業が入り、その第三の企業が信用を供与する代わりに手数料収入を得るというものだ。水産業界では零細な業者が比較的多く、代金回収のリスクが高いことから、加ト吉のような大企業が第三の企業となって帳合取引に参加することが少なくない。その具体的な流れは、以下に示すとおりである。

①　第三の企業が仕入先企業から商品を購入する（信用力のある第三の企業が振り出した約束手形は金融機関ですぐに割り引けるので、仕入先企業は簡単かつ確実に資金を回収できる）

②　第三の企業が販売先企業に対して当該商品を転売する（その転売価格には、第三の企業が受け取る手数料相当の金額が上乗せされている）

③　販売先企業は約束手形または延べ払いで当該商品を購入する（つまり、支払期日まで第三の企業が販売先企業に信用を供与する形となる）

④　当該商品は倉庫に保管された状態のままで、名義だけが「仕入先企業→第三の企業→販売先企業」に順次変更される（原則として、三者間の取引は同一日に一括して行われるため、第三の企業に在庫は発生しない）

本件では、加ト吉がかねてから帳合取引を行っていた相手企業が経営不振に陥ったことから、その企業に金融支援を行う目的で循環取引が開始された。相手企業の立場にしてみれば、加ト吉が振り出した手形を割り引くことで、自らの支払い期日が来るまで短期の資金融資を受けたのと同じことになる。

さらに、銀行の融資を繋《つな》ぎ止めるという意味合いも大きかった。循環取引を繰り返せば、帳簿上の売上額を簡単に増やすことができる。仲間内で転売する際に金額を上乗せすることにより、利益を計上することも容易だ。そのようにして業績を水増しした会計書類を銀行側に提示して、融資の審査をすり抜けていたのである。

循環取引は、関係企業の間で商品の所有権を回しているだけであって、ビジネスとしての実体は存在せず、会計上の不正行為であることは言うまでもない。しかし、売上額や利益をいとも簡単に膨らますことができるので、粉飾決算の手口として循環取引が用いられたケースは、まさに枚挙にいとまがないほどである。

いわば循環取引は「会計上の麻薬」のようなものだ。一度服用を始めると、なかなか止められなくなるが、いつまでも循環取引を継続できるわけがない。

循環取引によって帳簿上の利益を計上することで、当該商品にはその利益に相応する含み損が蓄積される。長期にわたって循環取引が継続されれば、その含み損が莫大な金額に膨張していく。いずれ関係企業のどこかが資金繰りに窮した段階で、空気を入れすぎた風船のように破裂することになるのだ。

**形骸化していたリスク管理体制**

Ｘが行っていた循環取引は、次の三つの態様に大別される。

その第一は、栗取引が発端となったものだ。１９９７年頃、Ｘは中国産栗の有望性に着目し、中国産品輸入商社Ａ社および栗加工問屋Ｂ社との間で、「Ａ社→加ト吉→Ｂ社」という帳合取引を考案した。しかし、Ｂ社と競合する栗商品を大手メーカーが開発したことから、Ｂ社は業績不振に陥った。そこでＸは、Ｂ社が手形を決済する資金を融通するために、「Ａ社→Ａ社の手配した仕入先→加ト吉→Ｂ社→Ａ社」という循環取引を始めたのである。

第二の態様は、調理機械の取引に関するものだ。１９９９年頃、ＸはＣ社の魚加工用調理

（単位：百万円）

| 2005 年 3 月期 | 2006 年 3 月期 | 2007 年 3 月期 | 総計 |
|---|---|---|---|
| 12,656 | 13,869 | 11,206 | 65,517 |
| 10,725 | 13,164 | 10,810 | 57,208 |
| 84・7% | 94・9% | 96・5% | 87・3% |
| 206 | 190 | 139 | 984 |
| 156 | 179 | 136 | 837 |
| 75・7% | 94・2% | 97・8% | 85・1% |

機械の優秀性に着目し、「C社→加ト吉→購入業者」という帳合取引を開始した。販売は当初から不振であったが、いずれ機械の優秀性が認められて業績が好転するだろうと考えたXは、C社に対する金融支援の目的で、「A社→D社→加ト吉→C社の子会社→A社」という循環取引を実施した。さらに、C社が見込み製造した機械や販売先から返品された機械（簿価9億8、100万円）も、加ト吉が在庫として引き取っていた。

これらの循環取引の手配役となったのが、A社の代表取締役Yである。Yは、知己の業者を循環取引に参加させるとともに、決済時期や取引額について詳しく指図していた。2001年には、そのA社自体の資金繰りも悪化したので、XはA社に対しても金融支援の循環取引を開始せざるを得なくなった。循環取引の核となっているA社が倒産すれば、B社やC社も共倒れになってしまうからだ。この第三の態様は、

表１　水産管理部の循環取引の状況

| | 2002 年 3 月期 | 2003 年 3 月期 | 2004 年 3 月期 |
|---|---|---|---|
| 売上高 | 5,574 | 9,248 | 12,960 |
| うち循環取引 | 3,534 | 7,473 | 11,499 |
| 循環取引比率 # | 63・4% | 80・8% | 88・7% |
| 粗利益 | 102 | 144 | 200 |
| うち循環取引 | 64 | 118 | 182 |
| 循環取引比率 # | 62・7% | 81・9% | 91・0% |

（調査報告書をもとに筆者が作成）
# 循環取引比率＝循環取引による売上（粗利益）／売上高（粗利益）

「A社→A社の手配した仕入先→加卜吉→A社の関連会社→A社」というものであった。

その後もB社とC社の業績は不振を続け、２００３年頃にはXも両社の実質的な破綻を認めざるを得ない状況となっていたが、そのままずるずると取引が継続され、さらに傷口を広げることになった。２００６年12月にB社とC社が不渡手形を出し、循環取引がついに破綻すると、Xに見捨てられたと不満を抱いたYが内部告発を行い、本事件が発覚したのである。

本件循環取引の規模は、表１に示すように、２００２年３月期から２００７年３月期までの６年間に、水産管理部の総売上高６５５億１、７００万円のうち５７２億８００万円(全体の87・3%)、同じく粗利益９億８、４００万円のうち８億３、７００万円（同85・1%）に達する。つまり、売上や粗利益の九割が循環取引によるものだった。この不祥事の後始末をつけるために、加ト吉では、循環取引の対象商品の評価損として21億8、300万円、さらにA社その他の相手企業に対する不良債権として57億4、500万円の特別損失を計上した。

これほど大規模な循環取引が、関係者が告発するまで発覚しなかったのは、加ト吉社内のリスク管理体制に問題があったからだ。

その第一に挙げられるのは、内部牽制機能の欠如である。問題の水産管理部には部長職が設置されておらず、事業本部長であるXが水産管理課長に直接指示していた。水産管理課長としては、Xが常務執行役員という大幹部である上に、社内で最古参のベテランだったので、その指示にしたがって淡々と事務手続きを進めていた。しかも、この水産管理部では仕入と販売の機能が分離されておらず、一連の取引をXの権限によって決裁できたので、他部門からのチェックが入ることもなかった。

第二の問題点は杜撰な在庫管理である。前述したように、加ト吉では21億8、300万円という多額の評価損を被った。これは、循環取引の繰り返しで当該商品に含み損が蓄積され、帳簿上の価格と実際の商品価値が大きく乖離《かいり》（簿価29億8、000万円に対して評価額は7億9、800万円）してしまったからだ。

循環取引の対象となった商品は遠隔地の倉庫に保管されており、日常の在庫管理が困難だった点は否めない。しかし、棚卸しの際に数量と市場価格を照らし合わせれば、不審点を発見することは容易だったはずだ。そもそも、帳合取引であったにもかかわらず、加ト吉側に大量の在庫が発生していること自体がおかしいと、経理担当者が気付かないといけないケースである。

第三の問題点は杜撰な与信管理である。加ト吉の社内規定では、Xに付与された与信枠の設定権限は1億円以内とされ、1億円から2億円までは社長決裁、2億円超については取締役会の承認が必要とされていた。しかし実際には、事後承認の形で与信枠がなし崩し的に拡大されていたため、前述のように巨額の不良債権が発生したのである。

ちなみに、与信管理を担当する管理統轄本部には、本取引についての得意先管理カードはきちんと送付されていた。しかし、同本部において問題視した形跡はなく、加ト吉内部での与信チェックが形骸化していた状況がうかがえる。

**看過されていた不審点**

以上の水産管理部における不祥事の発生を受けて、加ト吉が改めて社内調査を実施したと

（単位：百万円）

| 2005年3月期 | 2006年3月期 | 総計 |
|---|---|---|
| 19,064 | 19,011 | 95,157 |
| 3,296 | 824 | 16,427 |
| 17・3% | 4・3% | 17・3% |
| 201 | −117 | 531 |
| 152 | 39 | 821 |
| 75・6% | −33・3% | 154・6% |

ころ、別件の循環取引が見つかった。

その一つは、加ト吉の連結子会社である加ト吉水産が関与したもので、「A社が紹介した原材料業者→加ト吉水産→A社が紹介した加工業者」という態様の循環取引であった。その取引額は、2002年3月期から2006年3月期までの5年間に164億2、700万円に達し、粗利益として取引額の5%相当の8億2、100万円を稼いでいた。ただし、この取引は2005年に打ち切られたので、加ト吉水産側に損失は発生していない。

もう一つは、東京支社の東京特販部が、愛知県所在の総合商社E社（名古屋証券取引所第1部に上場）および東京都所在の食肉・水産加工品業者F社との間で、「E社→東京特販部→F社→E社」の循環取引に関与したものだ。その取引金額は、2004年3月期26億1、300万円、2005年3月期64億4、900万円、2006年3月期72億2、200万円、2007年3月期85億6、000万円と年を追うごとに拡大し、総額は248億

表２　加ト吉水産が関与した循環取引の状況

| | 2002年３月期 | 2003年３月期 | 2004年３月期 |
|---|---|---|---|
| 売上高 | 17,083 | 20,221 | 19,778 |
| うち循環取引 | 2,105 | 5,360 | 4,842 |
| 循環取引比率 | 12・3% | 26・5% | 24・5% |
| 利益 | −52 | 174 | 325 |
| うち循環取引 | 134 | 262 | 232 |
| 循環取引比率 | −257・7% | 150・6% | 71・4% |

４、６００万円に達していた。ちなみに、Ｆ社は不正の発覚直後に倒産したため、加ト吉では、同社に対する不良債権49億２００万円を特別損失として計上した。

本件不祥事の調査のために加ト吉が設置した外部調査委員会は、この二つのケースについては、加ト吉側は循環取引であることを知らなかったと認定している。筆者としては、この認定は甘すぎると感じているが、民事訴訟で係争中でもあるので、ここでは論評を控えることにしよう。ただし、百歩譲って加ト吉側に悪意がなかったとしても、リスク管理の面で重大な過失があったことは否めない。

表2に示すように、当時の加ト吉水産では、Ａ社との取引が総売上高の17・３%を占め、さらに総利益の１５４・６%を生み出していた。つまり、Ａ社との取引がなければ、加ト吉水産は赤字に転落していたことになる。このような重要得意先について、財務状況や営業実績を調査するのは当然のことだ。

民間信用調査機関のデータによると、A社の売上は、2001年8月期の22億9、800万円から、2006年8月期には375億円へと膨張していた。もともと食品業は成長率が低い業種であることを考えると、この急激な伸びは明らかに異常と言わざるを得ない。リスク管理体制がきちんと機能していれば、たちまち赤信号が点滅するところだ。

もう一つのF社については、その株式の16・7％を加ト吉が、さらに同じく16・7％を加ト吉水産が所有していた。それほど密接な関係にあったはずなのに、F社の経営実態を加ト吉側がまったく承知していなかったという弁解には呆れるしかない。

そもそもF社と東京特販部の間には、一種の狎《な》れ合い関係が存在したようだ。F社との個々の取引について東京特販部では売買契約書の作成や伝票の処理を行っておらず、1ヵ月単位で取引額を一括して計算するという異例の経理手続きを取っていた。また、前述のようにF社に対して49億円もの貸倒損失を計上することになったのは、加ト吉側が十分な担保を取らずに与信枠を拡大していたからだ。

## 組織文化と企業業績

自らが主導したか、あるいは受動的に関与したかの違いはあるにせよ、加ト吉社内の三つの部署で循環取引が行われていた事実は重い。これらの事件の背景要因と考えられるのが、同社の売上至上主義の組織文化である。

加ト吉の原点は、創業者の加藤義和氏が香川県観音寺市で営んでいた個人商店である。幼い頃に父親が戦死した加藤氏は、家計を助けるために中学時代から働きに出た。地元の観音寺で蒲鉾《かまぼこ》を仕入れては、金刀比羅宮で名高い観光地の琴平町まで20キロ以上も自転車をこいで行商したという。まさにゼロから年商３、０００億円の大企業を築き上げたわけだ。

事件当時も代表取締役会長兼社長の地位にあった加藤氏は、立志伝を体現するカリスマそのものであり、その経営スタイルは極端な売上至上主義であった。加ト吉においては、売上は年々右肩上がりでなくてはならず、実際にも同社が昭和31年に株式会社化して以来、51年間にわたって増収を続けていた。

「組織文化」とは、組織の構成員の間で共有された理念や行動規範のことだ。この組織文化の形成に当たっては、創業者の存在が大きく影響し、さらに実際の業務活動を通じて成功体験が蓄積されることにより、組織文化は次第に強化されていく。加ト吉の場合には、加藤氏自身が企業理念のシンボルとなって売上至上主義の組織文化が生み出され、さらに長年にわたって増収を達成したことで、それが社内にしっかりと根付いたのである。

このように組織文化が当該組織の構成員に浸透し、幅広く共有されている状態を「強い文化（Strong Culture）」と呼び、Peters and Waterman（1982）は、エクセレント・カンパニーには「強い文化」が存在すると分析した。その一方で、Kotter and Heskett（1992）は、「強い文化」を有しているからといって、それが必ずしも業績向上に結びつくとは限らないと指摘している。

これは、「強い文化」が経営戦略や当該企業の置かれている環境と合致していない場合、組織文化がむしろマイナスに働く事態、いわゆる「組織文化の逆機能」が生起するためだ。加ト吉のケースも、社内に構築された売上至上主義の強力な組織文化が負の結果をもたらしたのである。

この組織文化の下では、加ト吉の各事業部の責任者には、常に売上拡大の強いプレッシャーがかかることになる。特に当時は、加ト吉が冷凍食品最大手のニチレイを激しく追い上げ、ついに悲願の売上額ナンバーワンを達成した時期と重なり、とにかく売上を伸ばさなければという熱気が社内に溢《あふ》れていた。

しかし、Xが担当していた水産品は、消費者の嗜好の変化もあって売上が鈍化していた。水産事業とは関連の薄い栗や調理機械の取引にXが乗りだしたのは、売上拡大のために新たな商流の開拓がぜひとも必要とされたからだ。また、循環取引をズルズルと継続したのは、単に自己の判断ミスが発覚するのを恐れたというだけでなく、循環取引を使うことで水産事業部の売上を容易に拡大できたためである。

ちなみに、循環取引に関連してXが自らの経済的利得を図った事実はまったくない。あくまでも加ト吉の売上に貢献したいという気持ちに駆られて、循環取引に走ったのである。その意味では、本件不祥事は売上至上主義の組織文化が生み出した歪みそのものと言えよう。

同社のリスク管理が杜撰だったことも、この売上至上主義が影響している。与信管理や債権管理などのリスク管理それ自体は、売上に何ら貢献するものではない。むしろ売上の拡大に対して抑制的な効果を持つ。そうなると、売上至上主義に染まった社内で軽視されるようになるのは避けられない。取締役会でも話題となるのは業績のことばかりで、リスク管理についてはまったく議論されなかったということだ。

このように経営陣がリスク管理に関心を持たなければ、与信管理や債権管理に優秀な人材が配置されるはずがなく、担当者の社内での発言権も弱くなる。その結果、リスク管理のための各種審査が実質的に機能しなくなって、明白な不審点でさえも見逃されてしまったというわけだ。

## 老兵は消え去るのみ

行商からスタートした加ト吉が、わずか五十年で年商3、000億円の大企業に発展するに当たって、リスクを恐れずに売上拡大を目指す同社の組織文化が大きく寄与したことは間違いない。問題は、加ト吉が大きな社会的影響力を持つほどに成長し、さらに株式を公開することによって投資家に開かれた存在へと変化したにもかかわらず、その組織文化は依然として個人商店並みで、企業としての社会的責任を自覚するに至らなかった点だ。

前述の「組織文化の逆機能」が発生するのは、企業を取り巻く外部環境が変化し、あるいは企業規模の拡大、新事業への進出などの企業側の事情によって、外部環境との関係に変化が生じるためである。企業が生き残っていくためには、この変化に応じて自らの組織文化を作り替えていくことが必要だが、現実には決して容易ではない。組織文化が構成員の行動規範として浸《し》みわたり、過去の成功体験と分かちがたく結びついているからだ。

特に加ト吉の場合には、売上至上主義に固執する加藤氏がトップの座に君臨し続ける以上、組織文化の改革が進展するはずもなかった。加ト吉の創業や急成長を支えたカリスマ経営者の存在が、加ト吉の成熟段階においては、むしろ改革を阻害するマイナス要因として機

表３　加ト吉の主な債権債務先である循環取引関連企業

| | 2002年3月期 | 2003年3月期 | 2004年3月期 | 2005年3月期 | 2006年3月期 |
|---|---|---|---|---|---|
| A社 | 受取手形第2位<br>支払手形第2位 | 支払手形第3位 | 受取手形第5位<br>支払手形第5位 | | |
| B社 | | | | 受取手形第3位 | 受取手形第4位 |
| C社 | 受取手形第1位<br>支払手形第3位 | | | | |
| D社 | | | 受取手形第1位 | | |
| E社 | | | 買掛金第1位 | 買掛金第1位 | 買掛金第1位 |
| F社 | | | 売掛金第3位 | 売掛金第1位 | 売掛金第1位 |

（加ト吉の有価証券報告書および調査報告書をもとに筆者が作成）

能したのである。

２００７年４月、本事件の責任を取って加藤氏は辞任し、提携先である日本たばこ産業出身の役員が代表取締役社長の座に就いた。酷《むご》い話だが、加ト吉が１部上場に相応《ふさわ》しい企業に生まれ変わるためには、『産みの親』を捨てることが必要だったのである。

近年頻発している新興企業のトップの不祥事についても同様のことが言えよう。ベンチャーの創業段階では、堅忍不抜の強い意志を持つ経営者が不可欠であるが、ベンチャーが成長して、新しい発展段階に進む際には、その「強すぎる経営者」が逆に足枷《あしかせ》となり、不祥事を引き起こす原因ともなり得る。一時代を築き上げたカリスマ経営者は、次の時代のために身を引かなければならないのだ。

かつて太平洋戦争における功績で米国の国民的英雄となったマッカーサー元帥は、朝鮮戦争でも国連軍総司令官として指揮に当たった。しかし、膠着《こうちゃく》した戦局を打開するために中華人民共和国への核攻撃を主張したことでトルーマン大統領と対立し、1951年に更迭された。そのマッカーサー元帥が、退任に際しての演説の中で、「老兵は死なず、ただ消え去るのみ（Old soldiers never die, they just fade away.）」と述べたことは有名である。

この時点でマッカーサー元帥が解任されたのは、米国にとっても、また、マッカーサー本人の名誉のためにも、正しい選択であったことは間違いない。時代の流れについていけなくなった「老兵」にできる最後の奉公は、莞爾《かんじ》として舞台から降りることである。

余談となるが、会計監査の問題点について少し触れておきたい。

加ト吉の有価証券報告書は、「主な資産及び負債の内容」として債権債務先の企業を上位五位まで記載しているが、このうちで循環取引に関係した企業を示したものが表3である。この表が示すように、受取手形、売掛金、支払手形、買掛金のいずれについても、循環取引の相手企業が上位に並んでいる。

会計監査に当たっては、債権債務の存在を確認するのがイロハのイである。循環取引の相手企業が債権債務先としてこれほど目立っており、しかも本稿で示したA社のように、少し調べれば不審点がすぐに浮かび上がるケースも存在したにもかかわらず、会計のプロであるはずの公認会計士が疑問を持たなかったのは不思議なことだ。監査の際に一体何を調べていたのだろうか。

ちなみに、加ト吉の監査を行ったみすず監査法人（前中央青山監査法人）は、カネボウ不正経理事件で担当会計士が粉飾決算に協力していたことが発覚するなど、相次ぐ不祥事により顧客が次々と離れ、２００７年７月に解散に追い込まれた。このような監査法人が２００７年まで存続していたこと自体が、日本の証券市場の未熟さを示しているのかもしれない。

## 3―(3) 強すぎた「もったいない」意識

### ―赤福不適正表示事件―

**創業三百年の危機**

読者の皆さんの多くは、伊勢名物の赤福餅を食べた経験があることだろう。柔らかな餅を漉《こ》し餡《あん》でくるんだ赤福餅は、伊勢神宮を参拝した際の土産物の定番で、全国的にも知名度が高い。この和菓子を製造している株式会社赤福は、1707（宝永4）年創業という老舗で、2007年は創業三百年という節目の年だった。まことに皮肉なことだが、その2007年に赤福餅の不適正表示問題が発覚し、同社は営業禁止処分を受けるに至ったのである。

株式会社赤福は、創業家の浜田一族が株式を100％保有する典型的な同族会社だ。当時は十代目の浜田益嗣《ますたね》氏が会長、その長男が社長の座に就いていた。同社の経営状態は良好であり、2006年9月期決算では、売上高84億4、500万円に対して純利益が11億8、700万円に達し、利益率は14・1％と非常に高かった。

この利益率の高さは、売上高の約97％が赤福餅という事実上の単品経営によるところが大きい。単品経営としては牛丼の吉野家が有名だが、その吉野家がBSE問題で主力商品の牛丼が販売できなくなって苦戦したように、一つの商品に全面的に依存するのは大きなリスクを伴う。その一方で、商品を一つに絞り込むことによって、製造・販売とも非常に効率化することが可能となる。つまり、ハイリスク・ハイリターン型経営の典型である。

本件不祥事の焦点となったのは、食品衛生法と農林物資の規格化及び品質表示の適正化に関する法律（JAS法）である。この二つの法律は、消費者に対する安全性の目安として、食品に賞味期限または消費期限を表示することを義務付けている。

その経緯について少し説明すると、従来は食品に製造年月日を表示していたが、製造・加工技術が進歩した結果、食品の品質がいつまで保持されるのかという肝心の点について、消費者が製造年月日から判断することが困難になった。そこで1995年に、製造年月日の代わりに賞味期限または消費期限を表示するように変わったのである。

賞味期限の定義は、「定められた方法により保存した場合において、期待されるすべての品質の保持が十分に可能であると認められる期限を示す年月日をいう」とされている。この難解な役人言葉を翻訳すると、「この期限内であれば美味しく食べられますよ」という意味である。

もう一つの消費期限は、「定められた方法により保存した場合において、腐敗、変敗その他の品質の劣化に伴い安全性を欠くこととなるおそれがないと認められる期限を示す年月日をいう」と定義されている。これは、「この期限内に食べないといけません」という意味になる。一般的には、長期保存が可能な食品には賞味期限、そうでなくて腐りやすい食品には消費期限を表示するように使い分けている。

賞味期限や消費期限は、あくまでも科学的・合理的に決定されないといけないが、それには食品の特性や原材料の衛生状態、製造・加工方法などの諸情報が必要となる。これらの情報を一番よく把握しているのは、その食品を製造した業者であるので、製造業者自らが責任を持って、これらの期限を設定することとされている。

赤福餅は生菓子のため、消費期限が包装紙に印字されていた。さらに製造年月日についても、法律上では表示義務はないが、消費者に対するプラスアルファの追加情報として、株式会社赤福が自主的に記載していた。このことが同社の不正事実に大きく関係してくるので、どうか記憶に留めておいていただきたい。

赤福餅の主原料である砂糖は防腐効果がとても高く、株式会社赤福では製造日を含めて3〜4日は大丈夫との認識であった。それに安全余裕を加味して、夏場の6月〜9月には「出荷日を含めて2日間」、10月～5月については「出荷日を含めて3日間」を消費期限と設定していた。

**違反事実の概要**

株式会社赤福による食品衛生法およびＪＡＳ法違反の行為は、次の五類型に大別される。非常に煩雑となって申し訳ないが、本事件を正確にご理解いただくために、一つひとつ説明する。

違反事実1は「先付け」である。株式会社赤福では、一部の商品について、実際の製造日の翌日を製造年月日と偽り、それに合わせて消費期限も一日延長していた。つまり、製造年月日も消費期限も、本来の日付より一日ずらしたことになる。なぜこんなことをしたのかと言うと、年末年始に大量販売したり、降雪・台風などの気象事情で早朝出荷をしたりする場合、当日に製造した商品だけでは数が不足する。そこで、前日から作り置きすることになるが、それらの商品に「先付け」をして、当日製造であるかのように偽装したのである。

その数量は、第53期（２００５年10月～２００６年9月）に24万6、６７１個（総出荷数の2・7％）、第54期（２００６年10月～２００７年9月）に6万9、１０７個（同０・8

%）であった。こうして消費期限を恣意《しい》的に一日延長することに科学的・合理的な根拠は存在しないため、食品衛生法第19条第2項に違反する。また、虚偽の製造年月日や消費期限の表示は、消費者に中身を誤認させることになるので、JAS法第19条の13に基づく加工食品品質基準にも違反していた。

違反事実2は「まき直し①」である。「まき直し」とは、商品の元々の包装紙を破棄して、新しい製造年月日とそれに合わせた消費期限を表示した別の包装紙で再包装することによって、時間の経過した商品を新品に偽装する行為である。この「まき直し」には二つのパターンがあり、それぞれ①、②を付して区別することにする。

「まき直し①」は、店頭売れ残り品に「まき直し」を実施し、再び店頭に並べて販売したというものだ。その数は、第53期に6万8、255箱（同0・8%）、第54期に2万7、950箱（同0・3%）であった。これも違反事実1「先付け」と同様に、恣意的に消費期限を延長している点で食品衛生法に違反し、さらに虚偽の製造年月日や消費期限の表示はJAS法に違反している。

違反事実3が「まき直し②」である。先ほどの「まき直し①」は店頭売れ残り品が対象であったが、この「まき直し②」は、作りたての商品を計画的に冷凍保管した上で、解凍して出荷する際に「まき直し」を行っていたものだ。

同社では、常時3、000～6、000箱を冷凍状態でストックし、需要動向に合わせて解凍することで、商品供給を柔軟に調整していた。期別の数量は公表されていないが、農林水産省の調査によると、2004年9月～2007年8月の三年間における「まき直し②」の数は、総出荷数の約18％に達したということである。

ちなみに、この「まき直し②」で用いる冷解凍設備を同社が導入したのは、三十年以上も昔の1973年であった。この年には伊勢神宮の遷宮が行われ、参拝客の急増が予想されたため、赤福餅が売り切れて顧客を落胆させることがないように、冷解凍設備を用いて商品を作り置きしたのである。この設備の性能は非常に優秀で、解凍後も商品の風味は損なわれず、同社の社員でも作り立てと区別がつかないほどだったので、以後も日常的に冷解凍が続けられていた。

この「まき直し②」の商品には、製造年月日として解凍日を表示し、それに合わせて消費期限を設定していた。冷凍状態では細菌の繁殖がストップするので、解凍日を基準として消費期限を計算しても、食品の衛生面では問題がない。つまり、「まき直し②」は食品衛生法には違反していない。しかしJAS法では、解凍日と製造年月日は意味が違うとの解釈だったので、虚偽の製造年月日を表示したと認定されてしまったのだ。前述のように消費者向けの追加情報として自主的に製造年月日を表示したことが、同社の首を絞める結果となった。

違反事実4は「むきあん」「むきもち」の再利用である。同社では、店頭売れ残り品の餡と餅を手作業で分離し、「むきあん」「むきもち」と呼んで、餡や餅の製造に再利用していた。同社の基準では、消費期限を2日過ぎたものまで対象としており、実際に再利用された赤福餅の多くは消費期限を過ぎていた。このように消費期限の切れた食品の再利用は、食品衛生法第50条第3項に違反する。

違反事実5は不適正な原材料表示である。JAS法では、使用重量の重い順に原材料を表示せよと規定している。そのため、赤福餅については「砂糖、小豆、餅米」の順にしないといけないが、同社では「小豆、餅米、砂糖」と不適正な表示を行っていた。また、冬季に餅が硬化するのを防止するために、同社では植物たんぱく質（大豆粉）やトレハロースを含む糖類加工品を添加物として使用していたが、それを原材料欄に表示していなかった。これらの行為は、JAS法に基づく加工食品品質基準に違反していた。

## 法令の理解不足が引き起こした不祥事

株式会社赤福の違反行為は、数量的に見ると、違反事実３の「まき直し②」が圧倒的に多い。このように需給調整の目的で商品を冷凍保存する手法は、食品業界で広く行われていることだ。例えば、多くの洋菓子会社では、クリスマスケーキ用のスポンジをあらかじめ作り置きして、クリスマスになるまで冷凍保存している。したがって、冷凍保存それ自体に問題があるわけではない。

さらに言えば、「まき直し②」を隠れて行っていたわけでもない。同社では、解凍日を製造年月日と表示してよいかと地元の保健所に十年ほど前に照会していた。その際に、保健所からは「食品衛生法上の問題はない」との回答を受けたので、これで大丈夫とすっかり安心していたのである。今回、農林水産省から指摘を受けるまで、同社ではＪＡＳ法違反との認識を有していなかった。つまり、この違反については『故意』ではなかったのだ。

食品衛生法とＪＡＳ法は、ともに食品の表示を規制しているが、その目的は大きく異なっている。食品衛生法は、食中毒が起きないように食品の安全性を確保することが目的である。それに対してＪＡＳ法は、食品に適正な表示を付すことによって、一般消費者が商品をきちんと選択できるようにすることを目的としている。このように法律の目的が違う以上、片方の法律で合法とされる行為であっても、もう一方の法律では違法となってしまうことが起こり得る。

前述のように、株式会社赤福では保健所にあらかじめ照会をしていた。しかし、縦割り行政のシステムでは、当該行政機関が担当する法令についてしか回答してくれない。食品衛生法は厚生労働省所管の法律で、その実務は地方自治体の保健所で行っているが、農林水産省所管のＪＡＳ法については、保健所は無関係である。そのため、保健所ではあくまでも食品衛生法について回答したわけだが、同社では、これで全面的に法令をクリアーできたと受けとめてしまったのだ。

結論的には、株式会社赤福に行政法規の理解が不足していたことになる。ただし、この点について同社を責めるのは酷というものだろう。赤福餅が全国ブランドに成長しても、同社が地場の中小企業であることに変わりはない。法務関係をチェックする能力は相当に低かったはずだ。おそらく全国の中小企業のほとんどは、専任の法務担当者を設置する余裕がなく、そのような仕事をこなせる人材もいないはずだ。

読者の皆さんも、食品の偽装表示問題が近年クローズアップされるまでは、ＪＡＳ法などという法律が存在することすらご存知なかったのではないだろうか。ＪＡＳ法についての認識がなければ、それに対する備えができていないのも当たり前である。

「そうだからといって、法律は法律なのだから、きちんと確認すべきではないか」とお考えの読者もいることだろう。たしかに建前はそのとおりだが、理屈と現実は違う。法律家が愛用している有斐閣の『六法全書』は、平成20年版で約６、４００ページ、厚みは何と15・8センチもある。ちなみに、平成元年版は約４、０００ページなので、この二十年間で分量が6割も増えている。このように法律の数がどんどん増え、規制の内容も高度化・複雑化していくとなると、これらを漏れなく勉強することなど到底できない。

筆者も行政官の端くれだが、他省庁が所管している法律はさっぱり分からない。弁護士や行政書士などの法律家でも、自信をもって対応できるのはごく一部の限られた範囲だけである。医師の免状を持っていても、専門分野が細かく分かれているのと同じことだ。

そうなると、法令の理解不足や無知によって、知らず知らずのうちに法令違反を犯してしまうことが、今後は非常に多くなるだろう。その意味で、株式会社赤福のケースは決して他人事ではない。この法令の無知というリスクには、個々の企業レベルで対応することが困難である以上、将来的には業界団体を通じて法令の調査研究を進め、その知識を共有していくことが重要である。

さらに言えば、もうこれ以上は法令の数を増やさないように、内容も複雑にしないようにしたほうがよい。しかし日本人の国民性は、お上《かみ》に対する依存心が滅茶苦茶に強いので、何か事件があると、「行政がちゃんと監視せよ」「規制を強化すべきだ」といった議論にすぐ発展してしまう。役人の側でもその流れにすぐ便乗して、役所の権限を強化したり、自分の天下り先を確保したりする。かくして法律の網は幾重にも張り巡らされ、国民はそれに絡め取られて身動きできなくなってしまうのだ。

しょせん法令というものは、社会生活を円滑にするための「道具」にすぎない。その「道具」に振り回されるのは阿呆《あほ》らしいと、そろそろ気が付いてもよい頃ではないだろうか。

## 「もったいない」の組織文化

違反事実2と4は、店頭売れ残り品を販売・再利用したという点で、食品衛生的に非常に問題がある。その商品が店頭でどのように扱われていたのか株式会社赤福では把握しておらず、ひょっとしたら日向《ひなた》に放置されていた可能性もあるからだ。

この件についてマスコミは、「浜田益嗣前会長はコストを切りつめるため、売れ残りを防ぐことを社内に徹底。創業家会長の方針に逆らえない現場は売れ残りをもう一度商品にするという本末転倒の手段に走っていった」（日本経済新聞２００７年12月26日朝刊）など、同社の利益優先姿勢を厳しく糾弾していた。しかし、事実関係を検証する限りでは、この批判は的外れと言わざるを得ない。

違反事実２が全出荷高の中に占める比率は、前述のように第53期で０・８％、第54期では０・３％にすぎない。もともと和菓子は原価率が約３割と低いので、それによって浮いた経費は高《たか》が知れている。違反事実４についても、手作業で一個ずつ餡と餅を分離するのに要する人件費を考慮すると、新しく餡や餅を製造した場合と比較して、コスト的にそれほどの違いがあるとは思えない。むしろ新しい原材料を使ったほうが安上がりかもしれない。要するに、違反事実２および４による増収効果は微々たるものだ。

業績不振に陥って汲々《きゅうきゅう》としている企業であればともかく、経営状態が極めて優良だった同社が、わずかな儲けのために食品衛生法違反という危ない橋を渡るとは考えにくい。それでは、どうして売れ残り品を販売してしまったのだろうか。結論から先に申し上げると、「商品を廃棄するのはもったいない」がその理由だった。

もともと和菓子業界には、売れ残った商品から餡を回収して、新しい小豆と一緒に炊き直す「餡の炊き直し」という伝統的手法が受け継がれている。その根底に存在するのは、日本古来の美徳である「もったいない」意識である。しかし、いくら「もったいない」からといって、衛生的に問題のある商品まで販売するのは、あまりにもひどすぎる。同社の中にそこまで強烈な「もったいない」意識が形成されたのは、益嗣氏の祖母である浜田ますの氏（故人）の影響が大きい。

ますの氏は、戦中・戦後の困難期に女手一つで同社を支え、「赤福中興の祖」と呼ばれていた。同氏をモデルとしたテレビドラマまで作製され、さしずめ「伊勢版おしん」といったところだ。その伝説的人物が、「米一粒、小豆一粒たりとも無駄にするな」と徹底的に社員を教育し、「3つ売るより1つ残すな」という家訓まで残していた。その結果、商品の廃棄を罪悪視する組織文化が、社内に形成されたのである。

「もったいない」意識を骨の髄まで植え付けられた社員は、商品の廃棄を何としてでも避けなければならないと強いプレッシャーを感じるようになり、売れ残り品の販売さえも厭《いと》わなくなった。ちなみに、同社の第53期における商品廃棄率は、わずか2・16%にとどまっている。赤福餅と類似の商品を販売していたA社（伊勢市所在）の14・8%と比較すれば、いかに低い数字かご理解いただけるだろう。

本件と同様に「もったいない」文化が組織不祥事を引き起こしたケースとしては、雪印乳業集団食中毒事件が挙げられる。谷口・小山（２００７）によると、雪印乳業の大樹工場では、「白いものは床に流すな」という表現で、原材料の牛乳を一滴も無駄にしない行動を従業員に徹底していた。そのため、社内基準を超える数の細菌が検出されても、脱脂粉乳を廃棄せずに再利用したことにより、集団食中毒事件を発生させてしまったのだ。

以上のように結果的には不祥事を誘発したが、「もったいない」意識そのものが悪いわけではない。むしろ、どのような企業・組織であっても、「もったいない」意識を忘れてはならないはずだ。

２００６年度には全国で1、１３５万トンの食品が廃棄されたが、その44％は製造業者が廃棄したものである。この肌寒い現状に鑑みると、「もったいない」意識をきちんと保ち続けていた株式会社赤福は立派とさえ言えるかもしれない。しかし、何事も「過ぎたるは及ばざるがごとし」である。どんなに有用なものであっても、それが行き過ぎると逆にマイナスになる。株式会社赤福のケースも、「もったいない」意識があまりにも強すぎて、法令に違反してでも商品廃棄を減らさなければいけないと従業員が受け止めたことが問題だった。

ここで少し弁護すると、同社では食品衛生をまったく無視していたわけでもない。製造年月日などの表示の後にハイフンやピリオドを付けたり、製造固有記号の色を変えたりすることで、「先付け」や「まき直し」の商品を細かく分類し、時間の経過した商品から先に陳列・販売するようにしていた。本件に関して健康被害の実例が報告されていないのは、衛生上のリスクが高い売れ残り品を、このようにシステム的に管理していたためだ。つまり、同社でも食品衛生についてはそれなりに配慮していたが、それよりも「もったいない」のほうが優先されていたのである。

余談になるが、株式会社赤福と同時期に賞味期限の偽装が発覚した「白い恋人」の石屋製菓は、食品衛生の面でも出鱈目《でたらめ》だった。同社で製造していたアイスの八割から大腸菌群が検出され、さらにバウムクーヘンからも黄色ブドウ球菌が見つかったのである。これは、同社に衛生管理のマニュアルが存在せず、従業員が経験だけを頼りに殺菌作業を行っていたため、加熱温度が低かったり、器具の消毒が不十分だったりしたことが原因である。要するに、衛生管理の基本が全然できていなかったのだ。その意味では、石屋製菓のほうが株式会社赤福よりもさらに悪質ということになる。

**商品イメージへの拘泥**

違反事実1は、前述のように繁忙期の出荷拡大や悪天候時の早朝出荷に間に合わせようとして行われた。言い換えると、営業部門からの要求が生産能力を超えていたにもかかわらず、生産部門が何とかしてそれに応えようと工夫した結果だった。したがって、生産部門が「悪いけど、これだけの数量は無理だよ」と断っていれば、「先付け」をやらなくても済んだのである。それができなかったのは、同社の組織体制に問題があったからだ。

一般的に営業サイドと生産サイドでは、どうしても立場が違う。その結果、営業部門が売れ筋と判断した商品を生産部門がなかなか増産してくれなかったり、生産部門がやっとのことで開発した商品なのに、営業部門が販売に熱心でなかったりといったすれ違いが生じるものだ。

しかし株式会社赤福では、一人の取締役の下に工場・営業部・企画部等の全実働部門が配置されていた。そうなると、営業部門と生産部門の垣根が非常に低くなり、業務の効率化や意思疎通の円滑化の面では非常に有用である。しかし、その反面、組織内部の牽制力を弱めることになった。無理な要求をしてくる営業部門に対して、生産部門が「Ｎｏ」と言えなくなってしまったのである。

それでも、真正の製造年月日と消費期限を表示して出荷していれば違法とはならなかった。夏季を除けば赤福餅の消費期限は３日間あるので、前日製造の赤福餅を出荷しても十分に売り物になったはずである。それなのに日付を「先付け」してしまったのは、同社が「当日製造・当日販売」という商品イメージに拘泥していたからだ。

違反事実5も、同様に商品イメージへのこだわりが原因だった。砂糖を原材料の最初に表示しなかったのは、「赤福餅には砂糖がどっさり入っている」というイメージを消費者に与えたくなかったからだ。また、原材料欄に糖類加工品を表示しなかったのは、小豆・餅米・砂糖以外の添加物を使用していることを消費者に報《しら》せたくなかったためだ。

同社が赤福餅のイメージにこだわったことは理解できないわけではない。赤福餅がこれほど売れているのは、「伊勢名物」「伝統」「新鮮」「素朴」といった商品イメージに支えられてのことだ。決して赤福餅が不味《まず》いというわけではないが、似たような味の和菓子はいくらでもある。それでも消費者が赤福餅を選択するのは、赤福餅という商品が持つイメージに引き寄せられているからだ。同社でもそのことをよく承知していたので、商品イメージを少しでも傷つけたらいけないとの不安から、つい違法行為に走ってしまったのだろう。

本件のように、企業側にとって死活的に重要な問題については、「会社のためにはやむを得ない」と不適切な処理を自己正当化してしまうケースが少なくない。例えば、北陸電力の志賀原子力発電所1号機で1999年に発生した臨界事故が隠蔽された一件も、その2ヵ月後に予定されていた2号機の着工をストップさせたくないという「会社のため」意識によるものだった。

重要な問題だからこそ、何とか誤魔化して済ませたいという気持ちは分かる。筆者自身も、そのような立場に置かれたら、迷ってしまうかもしれない。しかし、不適切に処理したことが暴露されたらどれだけ大きなダメージを被るか、それをよく考えてみることだ。現代はまさに内部告発の時代である。経営者がいくら隠蔽しようとしても、不祥事を永久に隠し通すことなどできるわけがない。その厳然たる事実を直視すれば、不適切な処理は、結局は「会社のため」にならないことがご理解いただけるはずだ。

# 第4章

# 歴史に学ぶ視点——本質を見極めるために

# 4―(1)　徹底性の不足
## ～信長最大の危機・志賀の陣～

### 現場の不満とトップの決断

先日、ある大学病院で講演した際の話である。講演終了後に私が院長先生にご挨拶《あいさつ》していると、看護師の方がいらして院長先生に切々と訴え始めた。聞くともなしに聞いてしまったが、その病院で新たに導入した投薬過誤防止システムについて、業務上の支障が大きいので運用を止めて欲しいという内容だった。

この話には伏線がある。その日の講演の中で私は、「何か事故が発生した際に、既存の安全対策の問題点をしっかり検証しないで、新規の対策を闇雲に追加するケースが少なくない。しかしそれは、バケツに開いた穴を塞《ふさ》がずに水を注ぎ込むようなものであって、むしろ逆に安全性を損なう結果につながりかねない」と述べていた。

その看護師は、私の講演を聞いて意を強くしたに違いない。これに対して院長先生は、「これまで皆でいろいろと頑張ってきたが、投薬ミスをどうしても根絶できなかったではないか。新システムの導入はぜひとも必要だ」と繰り返していた。

この一件が非常に印象に残ったので、後日、旧知の医療関係者に話をうかがい、問題のシステムについて教えてもらった。まず医師がシステムの電子カルテに投薬処方を打ち込み、それに基づいて薬剤科がバーコードの付いた薬を出す。そして患者に投薬する時点で、看護師が患者のリストバンドのバーコードと薬剤のバーコードを読み取り、電子カルテと照合して確認するというものだ。

このシステムは、他の病院でも評判があまりよくないという。ただでさえ看護師は激務である上に、このシステムのせいで余計な手間がかかることへの反発もあるようだが、もちろんそれだけではない。

現場では患者の様態に応じて処方を変えたり、緊急に投薬したりする処方変更が頻繁に行われている。しかし、このシステムではデータをリアルタイム処理していないので、電子カルテの情報が更新されるのに時間がかかる。その結果、処方変更に関しては以前と同様に手作業でやらざるを得なくなり、現場が混乱するというのである。また、患者が洗顔や入浴の際にリストバンドを外して紛失したせいで、バーコードの読み取りができなくなるというトラブルも起きているようだ。

この辺りの事情を踏まえると、看護師側の主張にも相当な根拠がある。しかしそれでも、私の見る限りでは、院長先生の判断に軍配を上げざるを得ない。

医療機関は人命を預かっている以上、エラー・トレランス（業務上受容できる失敗の範囲）が極めて狭い。投薬ミスは患者の生命に直結しかねない問題なので、絶無を期さなければならないのは当然だ。それまで現場でいろいろと工夫しても十分な結果が出せなかったのであれば、抜本的な安全対策の変更はやむを得ない。

ちなみに、私が入手した研究論文によると、この投薬過誤防止システムを導入したある病院では、薬剤を間違えたり、投与すべき患者を取り違えたりする医療事故の発生頻度が大幅に減少している。新システムにより現場の負担が高くなるという問題は依然として残るにせよ、それに見合うだけのメリットがあるということだ。

あの時のやり取りを改めて思い起こして感じたのは、院長先生のご苦労だった。二人の対話は十五分ほど続いたと記憶している。おそらくその看護師は、新システムに対する同僚の困惑を代弁していたからこそ、執拗《しつよう》に訴えを続けたのだろう。講演後の雑談という外形を取っていたが、その実態はまさしく労使交渉そのものだった。おそらくそれまでにも、同じような場面が幾度となく病院内で繰り広げられていたはずだ。

院長先生の態度は非常にソフトであり、看護師の主張をきちんと聞いた上で、粘り強く説得を続けていた。これは、ベテラン技能集団として現場をがっちりと掌握している看護師たちの理解を取り付けなければ、どのようなシステムも軌道に乗るはずがないことをよく承知されていたからだろう。その一方で、院長先生の反論は非常に率直なものだった。語り口はソフトでも、その内容には一切の妥協がなかったのである。

日本では、こういった議論の際に、部下の顔を潰さないように配慮し、少し花を持たせたり、含みのある表現を用いたりする上司が少なくない。しかし、プロジェクトの現場などでは、そのようなリップサービスや曖昧さのせいで関係者の間に微妙な認識の齟齬《そご》が生じ、それが後になって大きな亀裂に発展することがある。その意味で、院長先生の姿勢はまことに当を得たものだった。

論語に「君子は貞《てい》にして諒《りょう》ならず」という言葉がある。原則に忠実であることは必要だが、頑迷であってはならないという意味だ。どのように素晴らしい経営プランを企画しても、それを実施に移す段階では、様々な制約に直面することは避けられない。それらを考慮して現実的な妥協を重ねるのは、経営者の重要な仕事の一つである。つまり「諒ならず」ということだ。

その一方で論語は、「貞」であることを大前提としている。ある程度の妥協はやむを得ないにせよ、それによってプランの本質が失われたのでは本末転倒ということだ。その意味で、妥協を許さぬ「徹底性」が必要とされる局面が存在することを経営者は忘れてはならない。この徹底性の不足が大きな失敗につながった歴史上のケースを次に紹介しよう。

**死地に追い込まれた信長**

戦国の覇者織田信長は、その生涯で死地に三回陥った。その最後が本能寺の変であることは言うまでもないが、それでは他の二回は何だろうか。

歴史小説が好きな読者は、桶狭間の合戦や越前からの退却戦を思い浮かべるはずだ。しかし、信長にとって桶狭間戦は乾坤一擲《けんこんいってき》の博打《ばくち》ではなく、むしろ周到綿密な計算のもとに臨んだ戦いというのが真相である。「金ヶ崎の退陣《のき》」として有名な越前からの撤退は大苦戦だったと言われているが、実際には、織田軍が迅速に戦場から離脱したので、戦闘らしい戦闘はほとんど行われていない。この退却で殿軍《しんがり》を務めた秀吉が、自分の武功を喧伝するために激戦と吹聴しただけのことだ。

信長が死地に陥った最初のケースは、実弟と骨肉の争いを展開した弘治2（1556）年の稲生《いのう》合戦である。この時には家臣団の大半が弟側に与《くみ》したため、劣勢の信長方は壊滅寸前にまで追い詰められたが、捨て身の反撃でどうにか勝利を得ることができた。もう一つのケースが、元亀元（１５７０）年の志賀（現在の滋賀県南西部）の陣である。この志賀の陣でまさに絶体絶命の危機に直面した信長を救ったのが、敵将朝倉義景《よしかげ》の徹底性の不足だった。

まず当時の状況を概観してみよう。同年4月末、浅井家の裏切りにより、織田軍は前述のように越前からの退却を余儀なくされた。その後、速やかに態勢を立て直した信長は近江に出陣し、6月の姉川合戦で朝倉・浅井連合軍を撃破した。そして8月には、主力部隊を率いて摂津に転戦し、淀川河口の野田・福島砦に籠る三好勢に対して攻撃を開始した。

その最中の9月12日、異変が起きた。石山本願寺が信長打倒に立ち上がったのである。本願寺側が渡し船を隠してしまったので、織田軍は淀川の中州《なかす》に孤立し、雲霞《うんか》の如き一揆勢と凄まじい乱戦になった。信長の身動きがとれなくなったところに、本願寺に呼応して朝倉・浅井連合軍が出撃し、坂本・大津・瀬田など交通上の要地が集中する近江南部に迫った。9月19日、織田方の武将森可成《よしなり》と織田信治（信長の弟）が迎撃したが、圧倒的な敵勢の前に両将ともあえなく討死した。そのまま近江南部を占拠した連合軍は、織田軍とその本拠地の美濃・尾張との交通を遮断した。

ここで信長は、いかにも彼らしい身の迅《はや》さを見せた。懸命に浅瀬を探して淀川を渡ると、一揆勢を振り切ってまっしぐらに北上したのである。最大の脅威である朝倉・浅井連合軍をまず各個撃破しようという作戦だった。しかし、織田軍の接近を知った連合軍は、9月24日、決戦を回避して比叡山延暦寺に立て籠った。

共に3万人程度の兵数だが、朝倉・浅井連合軍は応援の一揆勢も含んだ数字なので、戦力的に織田軍が優勢だったことは間違いない。しかし、防御施設に拠《よ》る敵を攻めるには三倍以上の兵力を必要とするというのが戦術の一般原則である。延暦寺の堂舎を陣地として守りを固める朝倉・浅井連合軍に信長も手出しができず、否応無しに持久戦に移行した。

ここで各地の反織田勢力が次々と決起した。摂津方面では三好勢が息を吹き返し、しきりに京都に侵攻する機会をうかがった。近江南東部では旧国主の六角承禎、若狭では武藤友益が兵を挙げ、さらに石山本願寺の指令を受けた門徒衆が各地で一揆を起こした。まさに信長は広大な包囲網に絡め取られてしまったのだ。

**とどめを刺さなかった朝倉義景**

各地に残置していたわずかな守備兵では敵軍の跳梁《ちょうりょう》を食い止められず、敗報が相次いだ。さらに、信長率いる主力部隊も、滞陣が長引くにつれて憔悴《しょうすい》の度を深めていた。戦場となった志賀の地は、延暦寺のお膝元で敵地も同然であり、現地調達がうまくいかずに物資不足が深刻化したからだ。かといって本拠地の美濃・尾張から物資を取り寄せようにも、途中の街道は六角勢や一揆によって寸断されていた。

焦慮した信長は、朝倉・浅井連合軍を野戦に引きずり出そうと策を巡らした。そこで延暦寺側に、「これまでに織田家が奪った寺領を返還するので、敵軍に施設を提供しないで欲しい」と申し入れ、「言うことを聞かなければ全山を焼き払うぞ」と脅した。しかし、朝倉家から多額の財政援助を受けていた延暦寺は耳を貸さなかった。またある時は軍使を敵陣に派遣し、「無用に時を費やすのは止め、日時を定めて出撃されたし」と誘ったが、このような見え透いた挑発に相手が乗るはずもなかった。

織田家を取り巻く情勢は日に日に悪化していったが、もはや兵を退くことも困難だった。4月の越前退却戦の時とは違って、朝倉・浅井連合軍は眼前に控えているので、激しく追撃してくるのは間違いない。さらに帰路に立ちはだかる六角勢や一揆も突破しなければならず、まさに「前門の虎、後門の狼」だった。退却の際にはどうしても将兵が浮き足だつ上に、このように前後から攻め立てられれば、全軍が崩壊することも十分に考えられた。

この八方塞《ふさ》がりの窮状を打開するための切り札が調略だった。11月25日、敵方の後方補給基地であった堅田砦（現在の琵琶湖大橋西岸付近）の守兵を寝返らせることに成功した信長は、重臣坂井政尚の先遣隊を送り込んだ。しかし、これを察知した朝倉・浅井連合軍は、織田軍の増援部隊が到着する前に堅田砦を攻め落とし、坂井政尚を討ち取ってしまった。

完全に手詰まりとなった信長のもとに、さらなる悲報が届いた。伊勢長島の一向一揆が尾張西部の小木江《こきえ》城を攻め、城主の織田信興（信長の弟）を自刃に追い込んだというのである。木曽川を挟んで長島を監視していた同城の陥落は、織田家の金城湯池である美濃・尾張が重大な脅威に直面したことを意味する。

尻に火がついた信長は、将軍や朝廷を担ぎ出して、連合軍主将の朝倉義景に講和を持ちかけた。「天下は朝倉殿持ち給へ、我は二度と望みなし」との起請《きしよう》文まで差し出したという。まさに恥も外聞も構っていられぬほどに、信長は追い詰められていたのだ。

歴史にイフは禁物だが、もしここで朝倉義景が講和を拒絶していれば、いずれ信長は総退却を余儀なくされただろう。追撃を受けた織田軍は凄まじい損害を被り、たとえ信長自身は脱出できたとしても、近江以西の織田方の拠点はドミノ倒しのように次々と崩壊したはずだ。つまり、永禄11（1568）年に上洛を果たして以来、信長が積み上げてきたものすべてが水泡に帰し、その後の戦国の様相は一変しただろう。

しかし、朝倉義景は講和を受諾してしまった。状況を仔細に眺めると、むしろ義景自身も講和を強く望んでいたというのが実状のようだ。その理由としては、連合軍を厳しい寒気が直撃したこと、糧食が欠乏したこと、積雪により本国の越前との交通が途絶えるのをおそれたことなどが指摘されている。しかし、いずれも決定的な事情とは言い難い。

連合軍が陣を構えていた延暦寺の諸施設は、山頂ではなく麓《ふもと》地区に固まっていたので、それほど寒気が厳しかったわけではない。仮設小屋で寝起きしていた織田軍と比べると、堂舎に宿泊していた連合軍のほうが、生活環境は良好だったはずだ。物資についても、前述のように補給基地の堅田砦を確保していたので、近江北部の浅井領から相当量が運びこまれていた。越前との交通が断たれるという問題は残るが、この時点での朝倉家の越前支配は安泰であり、急いで帰国しなければならない情勢ではなかった。

長期にわたる対陣が朝倉家の財政を圧迫し、疲弊した将兵の中に厭戦気分が高まっていたことは事実だろう。しかし、それは相手も同様だった。むしろ信長のほうが、はるかに状況が悪かったのだ。ここで最後の一押しができなかったのは、困難を顧みずに作戦を続行するだけの強い意志が、朝倉義景に欠けていたという点に尽きる。

翌元亀2年9月、前年のダメージが癒えた織田軍は比叡山に襲いかかった。3万の兵によって蟻《あり》の這い出る隙間もないほどに包囲を固めると、あらゆる建築物を焼き払い、僧俗問わず皆殺しにしたのである。この叡山焼き討ちは、志賀の陣の報復というだけではない。延暦寺の施設を敵方が二度と利用できないようにすること、つまり志賀の陣の再現を防ぐことが信長の目的だった。その二年後、信長は朝倉・浅井両家を滅ぼした。

## 企業を脅かすリスク・イリテラシー社員

近年、コンプライアンスに対する社会の要求度が高まった結果、企業全体を対象としてリスク管理を考えなければいけない案件が多くなっている。一人の社員が外出先で顧客データの入ったCDを落としただけで、会社の積み上げてきた信用を一気に崩壊させる大事件となり得るのだ。このように全社的にリスク管理を行う場合には、社内の温度差が大きな障害となる。

その原因となるのが、リスク・リテラシー（リスク読解力）の差だ。職場に潜在しているリスクを把握するための洞察力、それが発現した場合にどのような危機が生じるかを予測する想像力、リスク管理対策の必要性を認識する理解力などを総合したものがリスク・リテラシーである。このリスク・リテラシーは、部署ごとに、また、個人のレベルでも、大きく異なっているのが現実である。

例えば、飲酒運転により重大な交通事故を起こし、一生を棒に振る人が後を絶たない。もちろん、彼らも決して事故を起こしたかったわけではない。問題は、「酒を飲んでも俺の運転なら大丈夫」という根拠のない自信を持っていたことだ。飲酒運転という社会的に広く認知されたリスクに対してさえ、これほどに鈍感な者が現に存在するのだから、社内のリスク管理対策の意義を理解できないリスク・イリテラシー（リスク文盲）社員が数多《あまた》いたとしても決して驚くに当たらない。

このようなリスク・イリテラシー社員を繰り返し教育することは重要であるが、その効果を過度に期待するのは危険だ。いかにリスク・イリテラシーでも、「私にはそんな対策は必要ないですよ」と上司の前で言ってのけるほどの豪傑は滅多にいない。表面的には上司の説明を神妙に聞いているが、腹の底では舌を出しているものだ。

現場で彼らがリスク管理対策を無視するような行動を取り続ければ、他の社員もそれに引き摺《ず》られるようになる。基本的にリスク管理対策とは「面倒くさい」ものであり、やらずに済むのであれば誰しもやりたくないからだ。その結果、「赤信号、皆で渡れば怖くない」状態にまで発展し、リスクが全社的に拡大することになりかねないのだ。

したがって、重要性・緊急性の高いリスク管理対策については、リスク・イリテラシー社員が社内教育によって自発的に覚醒するのを待つのではなく、有無を言わさずにその方向に引っ張っていく徹底性が経営者に求められる。しかし実際には、鳴り物入りでリスク管理対策を導入したにもかかわらず、その運用がいい加減になっている組織が少なくない。

あるIT企業では、情報セキュリティ対策のためにシンクライアントを導入した。このシンクライアントとは、それ自体はハードディスクを持たずに、情報をサーバーに記録させるパソコン端末であり、USBメモリーなどの外部記録媒体を取り付けることもできない構造となっている。これまで発生した個人情報流出問題の多くは、パソコンや外部記録媒体を紛失したり、盗難に遭ったりしたことが原因であるため、このシンクライアントは情報セキュリティ対策の切り札と位置づけられている。

しかし、パソコン端末からメモリー機能を外してしまったことで、現実問題として、使い勝手が非常に悪くなるのは避けられない。そこで社員たちは、個人所有のパソコンを隠して職場に持ち込み、それで作業するようになった。個人のパソコンなので、当然、社外にも持ち出すことになる。その結果、情報漏洩のリスクが逆に増加してしまったのである。

ある企業では、正門のゲートのところに設置した端末でＩＤコードを読み取り、入場者をチェックするようにした。しかし、出勤時間帯に社員が端末の前に延々と並ぶようになったため、それを嫌った一部の社員が入場者の後にくっついてゲートを潜《くぐ》るようになり、その実態が定着してしまった。これでは、守衛が社員証を目視確認していた以前のやり方のほうがずっとマシだ。

以上のケースについては、使い勝手の悪いリスク管理システムを設計したことにも問題の一端がある。しかし、ともかくもシステムを導入すると決めた以上は、それを徹底するための努力を惜しんではならない。このように対策が機能していない現状を幹部社員が承知しておりながら、それを安易に放置しているという徹底性の不足こそが、リスク管理を蝕《むしば》む最大の病巣なのである。

# 4―(2) 比較できないものを比較するな

## ―日米英の条約型重巡洋艦の優劣―

### 日本の重巡洋艦は米英を凌駕《りようが》していた？

旧帝国海軍にかつて奉職していた祖父は、「海軍はこんなに素晴らしい軍艦を有していた」とまだ子供だった筆者によく教えてくれたものだ。かくして立派な海軍マニアに成長した筆者が様々な文献を読み漁《あさ》るようになると、祖父の説明が必ずしも正確ではなかったことに気が付いた。

もちろん祖父がウソをついていたわけではない。当時の海軍関係者であっても、軍事機密の関係で限定された情報しか把握していなかったということだ。しかし、そうした機密情報がいろいろと開示された今日においても、旧海軍関係者の誤った思い込みがそのまま流布しているケースが少なくない。その一例として、「日本の条約型重巡洋艦の性能は米英を凌駕した」という説について検証してみたい。

一般の読者向けに、まずは「条約型重巡洋艦」の説明から始めよう。第一次世界大戦後に

表　日米英重巡洋艦の性能

| | 機関出力 | 最高速力 | 主砲数 | 砲塔装甲(最大) |
|---|---|---|---|---|
| 妙高(日) | 13万馬力 | 35.5ノット | 10門(連装砲塔×5基) | 25mm |
| ノーサンプトン(米) | 10.7万馬力 | 32.5ノット | 9門(3連装砲塔×3基) | 64mm |
| ケント(英) | 8万馬力 | 31.5ノット | 8門(連装砲塔×4基) | 25mm |

(「世界の重巡洋艦パーフェクトガイド」学習研究社による)

軍縮気運が盛り上がる中で、ワシントン海軍軍縮条約が1922年に締結された。同条約によって戦艦（巡洋戦艦を含む）の保有数は制限され、米英が各15隻、日本はその6割に当たる9隻と取り決められた。

かくして戦艦については軍拡競争がストップしたが、同条約には「抜け穴」があった。主砲の口径が8インチ以下で、排水量（＝軍艦の重量）が1万トン以下の軍艦は、条約の対象外とされていたのだ。そこで各国は、この「抜け穴」を利用して、条約の制限ギリギリの大型巡洋艦を相次いで建造した。これが条約型重巡洋艦と呼ばれるものだ。

条約型重巡洋艦の建造は、8インチ主砲・排水量1万トンという同一の条件下で行われたことから、各国の建艦技術を競うコンテストの様相を呈した。そして旧海軍関係者は「日本の条約型重巡洋艦の性能は米英を凌駕した」と喧伝し、今日に至っても、多くの書物にそう記されている。

それでは、日米英の条約型重巡洋艦の基本形となった妙高（日）、ノーサンプトン（米）、ケント（英）について比較することにしよう。三艦の基本性能は表のとおりである。

最大速力は、妙高の35・5ノットに対して、ノーサンプトンは32・5ノット、ケントは31・5ノットにすぎない。また、主砲の8インチ砲も妙高の10門が最も多く、次いでノーサンプトンの9門、ケントの8門であった。こうして見ると、たしかに妙高が非常に優れているような印象を受けるが、まだ結論を出すのは早すぎる。

**高速力・重武装・軽装甲の妙高**

妙高が高速を発揮できたのは、13万馬力という強力な機関を装備していたからだ。ただし、高馬力であるだけに燃費が悪く、妙高の航続距離は7、000海里にとどまった。日本海軍としては、仮想敵国である米国の艦隊を西太平洋で待ちうけて戦う計画だったので、この程度でも十分だった。

逆に米海軍としては、西太平洋まで出撃する必要があるため、ノーサンプトンは1万海里もの航続距離を有していた。つまり、地理的条件に即して日本は高馬力・高燃費の機関を、米国は低馬力・低燃費の機関をそれぞれ採用したというわけだ。

それでは次に武装の面について検討しよう。8インチ砲を装備する主砲塔は、甲板の上に置いてあるわけではない。その直下の艦内には円柱状の基部が設置され、砲塔を回転させるための台座や、重量が125キロもある砲弾を運搬・装塡するための巨大な機械装置が備えつけられている。

妙高は、このように重量とスペースを喰う砲塔を5基も搭載していた。その外観は非常に勇壮で、多くの海軍ファンを魅了しているが、砲塔の数が多すぎて非効率と言わざるを得ない。実用面では、3連装砲塔×3基の計9門としたノーサンプトンの主砲配置が最もバランスが取れている。ちなみに、第二次大戦前後に就役した日米の新型主力艦（大和型戦艦を含む）は、すべて3×3の主砲配置となっている。

それでは、どうして妙高は3連装砲塔を採用しなかったのだろうか。それまで日本では3連装砲塔を製造した実績がなかったという事情もあるが、一番の理由は、妙高の船体構造上の制限だった。高速航行を可能とするために、妙高の船体は非常に細長く設計されていた。3連装砲塔は連装砲塔よりも直径が大きいので、その狭い船体幅には装備できなかったのである。言い換えれば、高速と重武装を両立させるために、非効率なことを承知の上で、連装砲塔を5基も妙高に搭載したというわけだ。

「攻」・「走」・「守」の三要素の中で、旧海軍関係者があまり触れたがらないのが「守」、すなわち防御面である。5基もの砲塔を持つ妙高は、実戦で砲塔に被弾する確率が当然高くなるが、その装甲は25ミリの厚さしかなかった。これでは8インチ砲弾はもちろんのこと、駆逐艦の5インチ砲でも簡単に撃ち抜かれてしまう。

このように装甲が薄くなったのは、論理的に考えれば当たり前のことだ。艦の総重量が1万トンに制限されている以上、ある部分を強化（＝鉄材を余計に使用）すれば、別の部分にそのしわ寄せがいくことになる。妙高の場合は、大馬力の機関と強力な武装にかなりの重量を使っていたので、この程度の装甲で我慢せざるを得なかったのだ。要するに、「何を取って、何を捨てるか」というトレードオフの問題である。

### すべては敵戦艦撃滅のため

当時の帝国海軍は、前述のように戦艦の数を対米六割に制限されていたので、そのまま戦艦同士の艦隊決戦を行えば、とうてい勝ち目がなかった。そのため、艦隊決戦が始まる以前の段階で駆逐艦部隊が魚雷攻撃を仕掛け、米戦艦部隊の戦力を減殺することを基本方針としていた。

もちろん米国側もこの作戦を当然に予想しており、戦艦部隊の外周を巡洋艦によって警戒するはずだ。妙高に期待された役割は、その警戒線を嚙み破って、駆逐艦部隊が米戦艦に突入できる状況を作り出すことだった。

この任務を果たすために必要とされる能力は、第一にスピード、第二に火力である。駆逐艦部隊の襲撃が成功するまでの短時間だけ保ちこたえればよいので、防御力は二の次となる。つまり、日本海軍の作戦構想に忠実に設計された結果、妙高は高速力・重武装・軽装甲となったのだ。ちなみに、ノーサンプトンの立場は妙高とは正反対で、日本の襲撃部隊を阻止する使命を負っていたので、防御力と火力を重視したデザインとなっていた。

両艦の役割の違いをはっきり示しているのが魚雷の配置である。当初ノーサンプトンは魚雷6本を上甲板に配置したが、すぐに武装から外してしまった。魚雷の破壊力は絶大であるが、洋上を高速で疾駆する日本駆逐艦に命中する確率は極めて低い。逆に砲戦の最中に魚雷に敵弾が命中すれば、艦上で誘爆して大変な事態になるという理由であった。

それに対して、妙高は24本もの魚雷を、しかも艦内に搭載していた。当時の魚雷は強度が不十分だったので、上甲板から発射すると、着水した時の衝撃で魚雷が折損してしまうおそれがあった。そのため、艦側から魚雷を発射する方式としたのである。

しかし、何百キロという火薬を装塡した魚雷が艦内で誘爆したら、船体は真二つに引き裂かれて轟沈《ごうちん》する。魚雷の搭載方法としては、あまりに危険と言わざるを得ないが、そうまでして日本側が魚雷攻撃にこだわったのは、米戦艦を仕留めるためだった。

前述のように妙高の任務は、味方の駆逐艦部隊のために米艦隊の警戒線に突破口を開けることだったが、乱戦となれば妙高自身にも米戦艦を攻撃するチャンスは十分にある。その際に、8インチ砲だけでは分厚い装甲を持つ戦艦には歯が立たないので、一撃必殺の武器である魚雷をぜひとも必要としたのである。言い換えれば、米戦艦撃滅という最優先課題に対応するために、多大のリスクを覚悟の上で魚雷を艦内に装備したというわけだ。

## ケントの秘めた実力

それでは、最後に英国のケントの特徴を見てみよう。前掲の表を見る限り、「攻」・「走」・「守」のすべての面で、ケントは妙高やノーサンプトンの後塵を拝している。しかし、世界最高峰の建艦技術を有していた英国が、陳腐な艦を造ったわけがない。

当時の英国は、世界各地に広大な植民地を保有し、まさに「太陽の没することがない帝国」であった。その英国にとっての至上命題は、植民地と本国を結ぶ海上交通路の確保であるが、その際に脅威となるのが、敵国の仮装巡洋艦（高速の大型商船に大砲などの武装を搭載したもの）による通商破壊活動だった。ケントは、この通商路警戒のために植民地に配置する軍艦として開発されたのである。

日米の重巡洋艦と比較すると貧弱に見える速度・武装・装甲でも、仮装巡洋艦を追跡・撃滅するには十分すぎるほどだ。その代わりにケントに求められたものは、熱帯地域で長期にわたって過酷な警戒任務に従事するための能力、具体的には、航続距離の長さと良好な居住施設であった。

写真で見比べると一目瞭然であるが、妙高やノーサンプトンと比較して、ケントの乾舷《かんげん》（喫水線から上甲板までの部分）は際立って高い。これを言い換えると、あえて武装や装甲を抑制することによって浮いた重量を、艦内容積の拡大に当てたのである。その結果、燃料庫や各種物資の貯蔵庫、乗組員の居住施設などに十分なスペースを確保することができた。ケントの航続距離は妙高の倍の1万3、200海里に達し、居住施設についても乗組員の評判が非常によかったという。

一方の日本海軍では、日本海海戦のような艦隊決戦を念頭に置き、短期間で勝敗が決するものと想定していた。そのため、「わずかな日数なのだから、艦内での不自由は我慢すればよい」という発想から、乗組員の生活環境に対する配慮が薄かった。妙高も例外ではなく、その居住施設はむしろ劣悪と呼んだほうがよいほどであった。しかし、来るべき太平洋戦争は、案に相違して長期戦となってしまったため、日本側では乗組員の疲労蓄積によるミスが多発し、それが海戦の帰趨《きすう》にも大いに影響することになったのである。

結論を申し上げると、妙高はたしかに優れた軍艦であるが、「米英を凌駕した」とする見解は正しいとは言えない。そもそも日米英の条約型重巡洋艦を比較すること自体に無理がある。同じ小型車だからといって、セダンとRVを比べたりしないように、建艦の前提となる各国の作戦構想が異なっている以上、同一次元で比較できないのは当たり前のことだ。

この教訓は、現代にも当てはまる。諸外国との比較、同業者との比較、社内の部局間の比較等々、我々は互いに数字を比較し合うことによって、自らの位置づけを常に確認しているといっても過言ではない。

しかし、その比較の対象となった数字は、果たして全体像を正確に反映しているだろうか。本来は比較すべきでないものを比較していないだろうか。さらに言えば、一部の数字だけを恣意的に比較して、自分に都合の良い我田引水《がでんいんすい》の結論を導き出していないだろうか。比較という分析手段には、そのような危うさが同居していることを決して忘れてはならないのだ。

# 4―(3) 歪曲《わいきょく》された歴史の教訓
## ―乃木将軍と旅順攻略戦―

### 日本海軍の誤算

まだ私が小学生だった頃、初めて手に取った「大人の本」が、日露戦争を描いた司馬遼太郎先生の名著『坂の上の雲』だった。その壮絶な史劇にのめり込み、まさに貪《むさぼ》るように読みふけった記憶がある。

この『坂の上の雲』の中盤のハイライトが旅順攻略戦である。作戦を指揮した第三軍司令官の乃木希典《まれすけ》大将は、謹厳実直な人柄であるが、軍事指揮の面では無能そのものという人物に描かれ、この評価がそのまま国民の間に定着している。しかし、『坂の上の雲』は、あくまで小説として読むべきものであって、同書の乃木将軍に対する評価は決して妥当とは言えない。

それでは、まず旅順攻略戦に至った経緯から見ていくことにしよう。二十世紀初頭、極東において南下政策を取るロシア帝国は、満州に大兵力を駐屯させ、さらに朝鮮半島にも手を伸ばした。これに対して日本は、ロシアに満州を譲る代わりに、朝鮮における日本の独占的地位を認めさせるという満韓交換論を打診した。しかしロシア側はそれを拒否しただけでなく、朝鮮内に租借地を設定するに至った。このロシアの露骨な膨張策に日本も決意を固め、1904年2月8日、ついに戦端が開かれた。

日本が朝鮮半島や満州の地で戦争を遂行するためには、制海権の確保が至上命題となる。明治維新以降、海軍の拡充に鋭意努めていた日本は、戦艦六隻を基幹とする近代的艦隊を建設していた。しかし、当時のロシアはイギリスに次ぐ世界第二位の艦隊を有しており、極東方面の太平洋艦隊だけでも戦艦七隻を数えた。

この太平洋艦隊の主力は、遼東半島の先端に位置する旅順港に配置されていた。そこで、開戦当日の深夜に日本駆逐艦部隊が旅順に侵入し、油断していたロシア艦隊に向けて魚雷攻撃を実施した。太平洋戦争における真珠湾攻撃と同じく、日本海軍の御家芸の先制奇襲攻撃だが、敵戦艦二隻に損傷を与えたにとどまった。

その後、ロシア艦隊は、旅順要塞の砲台の援護のもとに港内に居座り、なかなか出撃しようとしなかった。この戦力温存策には理由がある。大国ロシアは、太平洋艦隊とは別に、欧州方面のバルチック艦隊にも七隻の戦艦を配備していた。このバルチック艦隊をアジアに回航して太平洋艦隊と合体させ、その圧倒的戦力をもって日本の連合艦隊を叩き潰すというのがロシア側の戦略だった。

日本としては、バルチック艦隊が到着する前に、太平洋艦隊を撃滅する必要がある。しかし、旅順要塞に海上から正面攻撃を仕掛ければ、陸上砲台から砲弾の雨を浴びることになる。そこで日本海軍は、奇策をもって敵艦隊を無力化することを企図した。旅順港の湾口が狭い点に着目し、その水路上に障害物となる老朽船を沈めて、航行できなくしようとしたのである。

三度にわたって閉塞作戦が敢行されたが、いずれも要塞から激しい砲撃を受けて位置を見失い、予定地点に自沈できた船は一隻もなかった。ちなみに、この時の日本側の戦死者の一人が、軍神第一号として喧伝された広瀬少佐（没後に中佐に昇進）である。また、密かに機雷を敷設して敵戦艦一隻を撃沈することに成功したが、その後、今度はロシア側の機雷作戦によって、旅順港の監視に当たっていた連合艦隊は逆に戦艦二隻を失ってしまった。

このように日本海軍では作戦の失敗が相次ぎ、もはや旅順港に籠るロシア艦隊に対して為す術がないことが明らかとなった。そこで海軍は、あらためて陸軍側に旅順攻略を要請したのである。つまり、旅順要塞が戦局の焦点になったそもそもの理由は、陸軍ではなく海軍側の誤算だった。

ただし陸軍としても、旅順を攻撃する必要性をかねてから認識していた。陸軍の主力部隊はロシア軍を追撃して満州の原野を北上し、旅順は戦線の背後に取り残された形となっていた。しかし、旅順要塞はロシアの満州支配の象徴である上に、二個師団を中核とする約4万2、000人ものロシア兵が配置されていた。このロシア軍の拠点を排除しなければ、後方の安全が覚束《おぼつか》なかったのである。

### 不徹底に終わった黄海海戦

旅順要塞を攻略するため、乃木大将を司令官とする第三軍が編成されたのは、開戦から約四ヵ月を経た5月29日のことだ。

ここで、読者の理解を助けるために、当時の日本陸軍の指揮系統を概観しよう。陸軍の指揮中枢は参謀本部であり、海軍の軍令部とともに戦時下の最高統帥機関である大本営を構成する。この大本営の下に、満州に派遣された陸軍部隊を統一指揮するための満州軍総司令部が設置され、大山巌元帥が総司令官、児玉源太郎大将が参謀長に就任した。第三軍はこの満州軍に所属し、第一師団、第九師団、第十一師団の三個師団によって編成されていた。

7月25日に作戦を開始した第三軍は、旅順要塞の外部に配置されたロシア軍の前進陣地を制圧し、同30日までに要塞を包囲する態勢を固めた。これによって、第三軍に派遣されていた海軍の陸戦重砲隊は、旅順港をその射程内に納め、8月7日より砲撃を開始した。まったくの盲撃《めくらう》ちであったが、砲弾は市街地や港湾施設に命中し、さらに一部はロシア艦艇にも損傷を与えた。動揺したロシア側は、艦隊をより安全なウラジオストックに退避させることを決断した。

8月10日、旅順を出港したロシア太平洋艦隊を連合艦隊が迎撃し、黄海海戦が生起した。戦艦の数ではロシア側六隻に対して、日本側は四隻と劣勢だったが、巡洋艦の数は日本のほうが多く、戦力的に両軍は拮抗《きっこう》していた。

この海戦で日本側は致命的な失敗を犯した。ロシア艦隊の目的はあくまで示威行動であり、すぐに旅順に引き返すものと誤認したのである。旅順港への帰路を遮断しようと連合艦隊は北側に回りこんだが、ロシア艦隊は、ウラジオストックを目指して、そのまま黄海を南下した。連合艦隊は慌てて追跡したが、なかなか距離が縮まらずに貴重な時間を空費した。

ロシア艦隊を再び射程内にとらえたのは、午後五時三十分のことだ。連合艦隊は熾烈な砲撃を浴びせたが、なかなか決定的な損害を与えられないまま、夕闇が迫ってきた。当時の軍艦にはレーダーがなく、夜間の追跡は不可能である。このまま夜になれば、ロシア艦の多くがウラジオストックへの脱出に成功したことだろう。

ここで奇跡が起きた。午後六時三七分、連合艦隊の旗艦「三笠」の放った主砲弾が、二発連続してロシア艦隊旗艦「ツィザレウィッチ」の司令塔に命中し、敵司令官以下の要員を粉砕したのである。しかも、戦死した敵水兵が舵輪に寄りかかったために、「ツィザレウィッチ」は大きく転針し、そのまま円を描くようにして味方の艦列に突っ込んだ。

大混乱に陥ったロシア艦隊を連合艦隊は痛打したが、敵艦は夜にまぎれて逃走した。「ツィザレウィッチ」だけは中立国の港湾に逃げ込んで抑留《よくりゅう》されたが、それ以外の戦艦五隻は、大きな損傷を受けながらも旅順に帰投したのである。

この黄海海戦において、日本側はロシア太平洋艦隊を撃破し、その企図を阻止することに成功した。彼我の戦力が同程度だったことを考えると大健闘であるが、五隻もの敵戦艦を討ちもらした以上、連合艦隊は目標を達成できなかったと言わざるを得ない。たしかに敵戦艦はいずれも大損害を受けていたが、機関と主砲が健在である以上、バルチック艦隊の到着に合わせて出撃することが可能だったからだ。

ロシア艦隊は、再び旅順港に籠った。そして、このロシア艦隊を撃滅する使命は、乃木大将の双肩に委ねられたのである。

### 第一回総攻撃の失敗

旅順要塞は、天然の良港である旅順港と市街を防衛するために、約20キロにわたって半円形に建設されていた。その構造は、約三十ヵ所の丘陵にコンクリートで固めた堡塁《ほうるい》を設置し、その間を塹壕によって繫いだものだった。

この旅順攻略戦においては、周囲よりも一段と高い地点、軍事用語で言うところの「制高点」の争奪が焦点となった。日本側が制高点を確保できれば、見下ろされる形となる他の堡塁は射的も同然であり、さらに港内のロシア艦隊を正確に砲撃することも可能だった。これをロシア側から見れば、制高点をぜひとも守り抜かなければならなかった。

両軍が争奪戦を繰り返した制高点は二ヵ所、東北側の望台と西側の二〇三高地である。このうち望台は主防衛ラインの中心部に位置し、まさに要塞の背骨に相当したため、ロシア側の防衛体制も極めて強固だった。望台の周囲に位置する松樹山、二竜山、盤竜山、そして東鶏冠山の四丘陵には多数の堡塁や砲台が構築され、敵攻略部隊に対して四方から濃密な銃火を浴びせる配置となっていた。戦国時代の日本城郭に喩えるならば、望台が旅順城の本丸、周辺の丘陵が二の丸・三の丸といった位置付けとなる。

もう一つの二〇三高地は、望台とはかなり性質を異にする。二〇三高地は旅順の中心部から離れている上に、他の丘陵から独立した形状となっていた。そのためロシア側では、主防衛ラインをこれよりも一キロほど南に下げていた。つまり、二〇三高地は、本城の外部に構築された出城という扱いだったのである。

第三軍は、第一回総攻撃における攻撃目標の主軸を望台に置いた。「旅順要塞の攻略」という任務からすれば当然の選択である。二〇三高地を攻め落としたところで、要塞本体にはダメージがない。逆に望台を攻め落としさえすれば、ロシア側の主防衛ラインは将棋倒しのように瓦解するからだ。

第三軍が要塞に向かって前進を開始したのは、8月21日のことである。そこに立ちはだかったのは、砲火の嵐とコンクリートの壁だった。ばたばたと戦友が斃《たお》れる中で、兵士たちは驚くべき敢闘精神を示して攻撃を繰り返した。最も深部にまで到達した部隊は、望台に攻め上るまでに至ったが、そこで力が尽きた。周辺の砲台や堡塁から十字砲火を浴びせられて消耗を重ね、ロシア側の逆襲部隊に追い落とされたのである。

8月24日、第三軍は総攻撃を中止した。死傷者数は約1万6、000人、ほぼ一個師団の戦力に相当する大損害を受けていた。

ただし、第一回総攻撃は完全な失敗に終わったわけではない。東北部方面では、望台の足元の盤竜山堡塁を占領し、敵陣に楔《くさび》を打ち込んだ。以後、この盤竜山は日本軍の最前線基地となり、各種作戦のスプリングボードとして機能することになる。また、西部方面では、大頂子山を占拠したことにより、二〇三高地に対する攻撃経路が開かれた。第一回総攻撃の犠牲は甚大だったが、その成果も決して小さなものではなかったのだ。

ここで、「乃木将軍以下の第三軍司令部が火力を軽視して無謀な白兵突撃を仕掛け、多くの兵士を死なせた」という非難に反論することとしよう。

この第一回総攻撃に際して第三軍では、歩兵の前進を援護するために、砲兵部隊の総力を挙げて旅順要塞を砲撃していた。敵の防御施設や砲台を大砲で破砕するのは要塞攻撃の常道である上に、この砲撃は世界戦史にも前例がないほど大規模なものだった。約12万発もの砲弾を要塞に叩き込んだのである。

日本軍が開戦時に備蓄していた砲弾は約40万発であり、実にその3割を敵陣に撃ち込んだ計算になる。日露戦争の全期間を通じて日本軍が消費した砲弾が約100万発であることと比較しても、この砲撃がいかに凄まじいものだったかご理解いただけるだろう。第三軍としては、持てる限りの火力を投入して歩兵を支援していたのである。

これだけの砲撃を実施したのは、緒戦の前進陣地を巡る戦いを通じて、旅順要塞が難敵であることを第三軍司令部がよく認識していたためだ。結果的には旅順要塞の強度が予想をはるかに上回っていたわけだが、そのことで乃木大将を批判するのは後世の後知恵というものである。

さらに言えば、第三軍司令部よりも大本営のほうが、はるかに戦況を楽観視していた。攻略戦開始前の6月17日に大本営が第三軍に示達した基本方針は、「第三軍は、まず旅順を攻略し、雨季前には遼東半島基部で待機、雨季後に遼陽に進出せよ」と述べていた。つまり、梅雨に入る前に旅順要塞は片付くと想定していたのである。

第一回総攻撃に先立つ7月13日には、攻撃準備に時間をかける第三軍に対して、「(この時点では未着だった)第九師団および砲兵第二旅団の到着を待たずとも、現有兵力での旅順攻撃は可能である」との指示を出していた。さらに、ロシア守備隊の降伏受け入れの準備や、敵から鹵獲《ろかく》する予定の兵器類を再利用するための部署の開設まで早くも始めていた。かように脳天気な大本営と比較すれば、乃木大将は、かなり正しく要塞戦の実相を認識していたと言えるだろう。

この第一回総攻撃の後、海軍側では、二〇三高地に対する攻撃を陸軍側に要望するようになった。二〇三高地からは旅順港内を一望できるため、ここを占領すれば、陸上からの観測射撃で敵艦を撃沈できるとの判断だった。旅順攻略の遅れに動揺した参謀本部もそのアイデアに飛びついたが、満州軍総司令部では作戦変更を拒否した。

海軍の立場からすれば、ロシア太平洋艦隊の撃滅イコール目標達成であるが、陸軍の目標はあくまでも要塞の攻略だった。そして、できる限り早く要塞を落とすためには、出城にすぎない二〇三高地に構ってはいられないというのが満州軍の見解だった。その結果、第三軍司令部は、大本営と満州軍総司令部の間で板ばさみになってしまった。

## 第三軍の作戦転換

『坂の上の雲』を読むと、第一回総攻撃の後も第三軍が白兵突撃を繰り返したかのような印象を受けるが、これも史実とは大きく異なっている。第一回総攻撃の苦い教訓を踏まえて、乃木大将は作戦を大きく転換していた。

その第一が、長大な塹壕《ざんごう》を掘削したことだ。第一回総攻撃では、遮蔽物のない開けた空間を前進する将兵が、格好の標的となってしまった。そこで、塹壕を敵陣地の直近まで掘り進めたのである。この塹壕戦術により、ロシア側はその火力を活用することが困難となった。

それでも、最後の数十メートルについては、歩兵が塹壕から出て弾雨の中を突入しなければいけない。要塞にどれほど激しい砲撃を浴びせても、塹壕や地下室に身を隠した敵兵を全滅させることはできないので、最終段階では歩兵が敵陣地に突入し、白兵戦を敢行せざるを得ないからだ。この犠牲は、要塞攻略という任務を達成するためには避けて通れず、誰が指揮しようと同じことである。

さらに第三軍は、この塹壕の先端部から敵要塞の地下に向けて坑道を掘った。防御施設の真下に大量の爆薬を仕掛けて、根こそぎ吹き飛ばす戦術である。戦役の後半には、この坑道作戦が大きな成果を挙げることになる。

作戦転換の第二は、要塞攻撃に重砲を投入したことだ。コンクリートで固められた防御施設には、口径の小さい野砲では効果が挙がらなかったために、日本陸軍最大の重砲であった28センチ榴弾砲を持ちこんだのである。

この28センチ榴弾砲の派遣に対して、第三軍の伊地知《いじち》参謀長が「送るに及ばず」と回答したエピソードがよく取り上げられ、第三軍司令部が火力を軽視していた証左とされている。旅順攻略の立て役者となる28センチ榴弾砲を断るとは、先見の明がないというわけだ。

伊地知参謀長が、そのように回答したことは間違いない。しかしその真意は、「28センチ榴弾砲の配備には時間がかかるので、第二回総攻撃には間に合わない」というものだった。この28センチ榴弾砲は、もともと函館や下関などの拠点防衛のために海岸要塞に配備されていた大砲である。その重量は26トンと極めて重く、分解しなければ運搬できない上に、使用する際にはコンクリートで頑丈な砲座を築く必要があった。

その点では、28センチ榴弾砲が次回の総攻撃に間に合わないと考えるのは、技術的にはむしろ妥当な見解だった。結果的には、28センチ榴弾砲はわずか一ヵ月で戦場に姿を現したが、これは輸送関係者の尽力を誉めるべき話である。そもそも第三軍が旅順攻撃に当たって砲撃を重視していたのは既述したとおりであって、伊地知参謀長の片言隻句をとらえて声高にその非を断ずるのは不当と言わざるを得ない。

9月19日、第三軍は、第二回総攻撃に先立つ準備攻撃を開始した。敵要塞の周囲に設けられた小規模な陣地を一掃する作戦である。この戦闘で、第三軍は二〇三高地に近接する南山《なんざん》坡山《はざん》を占領した。この山からも旅順港のかなりの部分を見渡すことができたため、海軍砲兵隊は山頂に観測所を設け、さらに観測気球を上げて港内のロシア艦隊の位置を把握し、砲撃を浴びせた。

ロシア側は山陰の死角となる旅順港東側に艦艇を退避させたが、この東側部分の海域は狭く、日本側の盲撃ちでも直撃が相次いだ。そのため、10月中にはロシア戦艦のほとんどが行動不能となってしまった。艦艇を修理するための海軍施設も砲撃で破壊され、ここにロシア太平洋艦隊は事実上壊滅したのである。

さらに、ようやく到着した28センチ榴弾砲が10月1日から砲撃を開始すると、ロシア側の損害は急速に上昇していった。この巨砲から打ち出される重量217キロもの大型砲弾は、分厚いコンクリートで固めたロシア側の堡塁を次々と破砕した。

10月26日、第三軍は、望台方面に向けて第二回総攻撃を実施した。前進を開始した日本軍は数ヵ所の敵陣地を占領することに成功したが、そこまでだった。日本側の砲撃によって旅順要塞もかなりのダメージを受けていたが、まだまだ相当な防御力が残っていたのである。11月1日未明、乃木大将は攻撃中止を命じた。

かくして第二回総攻撃も失敗に終わったが、第一回総攻撃とは大きな違いがあった。塹壕戦術により将兵が身を隠しながら敵陣地に接近できるようになったため、日本軍の死傷者は約4、000人にとどまったのである。一方、ロシア軍の死傷者は約5、000人と日本側を上回った。これは、日本軍の重砲による砲撃で、陣地もろとも吹き飛ばされるケースが続出したためだ。

第三軍には後方から補充兵が送られてくるが、包囲下にあるロシア軍には戦力を回復する手段がない。日本軍と同等以上の損害を出す消耗戦にロシア側が長く耐えられないのは明らかだった。乃木大将の作戦転換が功を奏したのである。

しかし、戦争の最中には相手の状況はよく分からないものだ。第二回総攻撃の失敗を受けて、第三軍司令部の間には悲観的な空気が流れるようになった。また、大本営では、ロシア戦艦の状態を確認できない以上、あくまで二〇三高地を攻略すべしと固執していた。バルチック艦隊が極東に向けて出発したという報せが届くと、さらに第三軍に対する圧力が強まった。

## 二〇三高地の死闘

苦戦を続ける第三軍のもとに、本土から第七師団が到着した。第七師団は北海道出身の兵士により編成され、その精強さを謳《うた》われた部隊である。乃木大将は、この「虎の子」師団を戦略予備と位置付け、旅順戦の運命を決する最後の場面に投入することとした。

11月26日に開始された第三回総攻撃は、再び望台方面を指向するものだった。既にロシア軍陣地は日本軍の砲撃で形が変わるほどの被害を受けていた上に、坑道戦術により二竜山と東鶏冠山の敵堡塁を爆破することにも成功していた。第三軍司令部としては、あと一撃で抜けると判断したのだろう。

ロシア側にとっても、ここが正念場であった。港内の太平洋艦隊から水兵を集めて歩兵部隊を臨時編成し、さらに艦艇の大砲を取り外して要塞に据え付けた。つまりロシア側も持てるすべてのものを戦線に注ぎ込んだのである。数時間にわたって日本軍は突撃を繰り返したが、ロシア兵の死に物狂いの抵抗についに撃退された。

この敗北に衝撃を受けた乃木大将は、冷静な判断力をしばし失い、部下が具申した賭博的作戦を承認してしまった。それが「白襷隊《しろだすき》」である。敵兵力が望台方面に集中している状況を利用して、手薄となっている背後に奇襲部隊を侵入させるという作戦だった。この構想それ自体は、後に「浸透戦術」と名付けられ、第一次世界大戦でさかんに用いられることとなる。しかし、この白襷隊は苦し紛れに立案されたもので、計画の細部を詰めずに実施されたため、大失敗に終わってしまった。

もはや作戦指揮に自信を持てなくなった乃木大将は、大本営の意向に従って二〇三高地に目標を変更することを決断した。二〇三高地での戦闘が開始されたのは、11月27日のことである。第三軍の砲兵は二〇三高地上の敵陣地を粉砕したが、ロシア兵は頑強に防戦を続け、攻め上ってくる第一師団を幾度も撃退した。

同30日、乃木大将は、疲弊した第一師団に代わって切り札の第七師団を戦場に投入した。同日午後10時には、二〇三高地の一角についに日章旗が翻った。ところがロシア側も次々と逆襲部隊を繰り出したため、翌12月１日未明には高地を奪還され、わずかに西南部の一角に日本兵が貼り付く状態となった。

同日、満州軍参謀長の児玉源太郎が第三軍司令部に到着した。これまで児玉参謀長は、第三軍に旅順攻略を任せた以上、あれこれ作戦に口出しすべきではないと控えていた。しかし、第三回総攻撃の挫折、二〇三高地への作戦転換、さらに最後の持ち駒である第七師団の投入と情勢が急転回し、もはや居ても立ってもいられなかったのだ。この時、児玉参謀長が乃木大将から指揮権を奪ったという話が流布しているが、これは俗説にすぎない。そもそも、特別な作戦指揮が必要とされる状況ではなかった。

二〇三高地は、前述したように周囲から独立した丘陵である上に、山頂の防御施設は既に跡を止めぬほどに破壊されていた。つまり、この二〇三高地での戦いでは、日露両軍とも条件は同一ということになる。あとは、ひたすら砲弾と兵士を投入するだけだった。児玉参謀長が行ったのは、心労に押し潰されそうになる乃木大将を精神的に支え、攻撃を続行させたことだ。

ロシア側も二〇三高地に増援部隊を注ぎ込み続けた。軍艦には必要最低限の人員だけ残し、その他の水兵をすべて召集した。それでも足りずに衛生兵や市中の労働者までもかき集めて二〇三高地に派遣したが、やがて戦力が尽きる時が来た。第七師団がついに山頂を占領したのは、12月5日午後2時頃のことである。この一連の第三回総攻撃において、日本軍の死傷者は約1万7、000人、ロシア側の損害も同程度だった。二〇三高地の山腹は、両軍の将兵の屍体で埋め尽くされたという。

翌6日、二〇三高地山頂に設けられた観測所からの誘導で、港内のロシア艦隊に対する砲撃が開始された。四隻の敵戦艦が次々と撃沈され、かろうじて港外に退避した最後の戦艦も、日本の水雷部隊の攻撃を受けて自沈した。ここにロシア太平洋艦隊は消滅するに至った。

二〇三高地が陥落しても、旅順要塞の本体はまだ健在なため、第三軍は望台方面に対する攻撃を再開した。日本軍の戦法はそれまでと何も変わるものではなかったが、作戦の進度は速かった。これは、二〇三高地での戦闘でロシア側が戦力を消尽してしまって、有効な反撃が不可能だったためだ。

12月18日、幾度も日本軍の攻撃をはね返してきた東鶏冠山がついに陥落した。28日には二竜山、31日には松樹山を占領し、翌年1月1日には、ついに望台が日本軍の手に落ちた。その一時間後、もはや抵抗が不可能と判断したロシア軍守備隊は降伏した。

## 第三軍の華々しい成果

乃木将軍がもっと早く攻撃目標を二〇三高地に切り替えていれば、旅順要塞を簡単に陥落させることが可能で、将兵の犠牲もはるかに少なかったはずだとの批判がある。しかし、日本軍が二〇三高地を攻め落とすことができたのは、ロシア側の予備戦力が払底《ふってい》したためだ。それまでの戦いでロシア側に甚大な損害を与えていたからこそ、二〇三高地での戦いが短時間でけりがついたという事実を見逃してはならない。

もしも早い段階から二〇三高地を攻撃目標としたならば、ロシア軍には十分な余力が残っていたので、二〇三高地を巡る戦闘はさらに凄惨なものとなっていただろう。また、二〇三高地を落として港内の敵艦隊を撃滅できたとしても、要塞本体に籠るロシア守備隊との戦闘は、その後も延々と継続したはずだ。

そもそも、攻略戦に時間がかかった最大の原因は、第三軍への砲弾の供給が不足していたことだ。旅順要塞の中でもコンクリートで固められた堡塁は一部にすぎず、その他の陣地は塹壕程度で、砲台の多くにも天蓋《てんがい》が付いていなかった。そのため、第三軍の砲撃は少なからぬ成果を挙げていたが、肝心の砲弾が絶望的に不足していた。そこで第三軍では砲弾を何週間もかけて貯め込み、ようやくストックができた段階で作戦を発動していたのである。

ちなみに、この砲弾不足は日本軍全体に共通する問題でもあった。満州での野戦で日本軍は幾度もロシア軍を撃破したが、いずれも敵主力部隊は戦場から脱出し、竜頭蛇尾の結末に終わっている。これは、日本側が手持ちの砲弾を撃ち尽くしてしまって、十分な追撃ができなかったからだ。

日本軍では、1870年の普仏戦争を参考にして砲弾の備蓄を進めていたが、日露戦争における砲弾の消費ペースは予想をはるかに上回っていた。そのため、開戦後すぐに砲弾の欠乏が表面化し、日露戦争の全期間にわたって砲弾不足に苦しむこととなった。この件については、砲弾消費量の事前予測をたてた陸軍中央が責任を負わなければいけないことだ。

結論から言えば、たとえ攻撃目標を早い段階で二〇三高地に切り替えたとしても、旅順要塞の攻略までには、やはり相当な時間と膨大な弾薬、さらに数多《あまた》の将兵の犠牲を必要としただろう。この戦役において乃木大将がベストの作戦指揮を行ったとまでは言えぬにせよ、様々な物理的制約や情報不足の中で妥当な判断を積み重ねてきたことは間違いない。つまり、旅順攻略戦は決して失敗事例ではなかったのだ。

そもそも戦争とは常に相手が存在するのであって、日本側の損害にばかり目を向けるのは片手落ちである。残酷な話であるが、戦争の本質とは、両陣営が将兵の生命を交換し合うことなのだ。この旅順戦における彼我の死傷者（概数）は次のとおりである。

・日本軍　戦死者　1万5、500人
　　　　　負傷者　4万4、000人
　　　　　総　計　5万9、500人

・ロシア軍　戦死者　1万人
　　　　　　負傷者　3万人
　　　　　　総　計　4万人

この数字を冷静に見る限り、強力な要塞に籠る敵と戦ったにもかかわらず、損害の比率がロシア側の1・5倍で収まったというのは、むしろ高く評価されるべきである。

それ以外にも、第三軍は、

・ロシア側の戦略拠点である旅順港の奪取
・ロシア兵の捕虜4万6、000人（海軍水兵などを含む）
・ロシア太平洋艦隊の戦艦六隻のうち四隻を撃沈

という大きな戦果を挙げている。ちなみに、捕虜になった敵兵は、戦争期間中には何の戦闘行動もできないという点で、実質的に戦死したのと変わりない。

旅順攻略の成果としてもう一つ忘れてならないのは、対外的評価である。日本政府は、日露戦争の莫大な戦費を賄《まかな》うために、戦費総額の約6割に相当する8、200万ポンドもの外債を発行した。まさに外国からの借金によって日露戦争を戦ったことになるが、この外債の募集に大きな意味を持ったのが旅順の陥落だった。

ロンドンで外債の募集にあたる日銀副総裁の高橋是清に対し、外国銀行側の当初の対応は冷淡だった。アジアの小国日本がロシアに勝つ見込みは少ないと判断していたためだ。1904年中に販売できた外債は合計2、000万ポンド、利率は6％に設定されていた。しかし、旅順要塞の陥落によって、銀行団の見方は大きく変化した。1905年3月に募集された外債3、000万ポンドは完売し、年利も4・5％に引き下げられたのである。

### どうして乃木大将は貶《おとし》められたのか

以上のように、乃木大将と第三軍司令部は、妥当な作戦指揮により旅順要塞を攻略して大きな成果を挙げた。それなのに、どうして無定見な批判がなされるようになったのだろうか。実は、旅順戦に関する書籍の多くは、陸軍大学校の兵学教官が執筆した「機密日露戦史」に依拠している。しかし、この本は特定の『意図』に基づいて書かれていた。

第一の意図は、第三軍首脳をスケープゴートにしようとするものだ。前述したように、旅順攻略の遅れについては参謀本部にもかなりの責任があるが、中枢に坐る人物が自らの非を認めようとしないのは、今も昔も変わりはない。そのため、「参謀本部は二〇三高地を目標とするように指導したのに、頑迷な第三軍司令部がそれに応じなかったので大苦戦に陥った」というストーリーをこしらえて、乃木将軍以下に責任を転嫁したのである。

第二の意図は、軍内部の藩閥に対する批判である。「機密日露戦史」が書かれたのは第一次世界大戦後のことだが、その当時は、日本陸軍を長く支配していた藩閥からの脱却を目指す中堅将校たちの動きが活発となっていた。第三軍司令官の乃木大将は長州出身、伊地知参謀長は薩摩出身であったことから、『藩閥によって地位を得た無能な指揮官』として中傷の対象とされたのである。

第三の意図は、陸軍大学校の教育方針を正当化することだった。陸軍大学校は参謀将校の育成に当たる高等教育機関であるが、その教育方針として、鋭い着眼に基づき敵の弱点を衝《つ》く作戦の重要性を強調していた。つまり、「源義経の 鵯 越《ひよどり》え」を模範とする参謀教育を行っていたわけだ。

しかし、旅順戦における第三軍の作戦は、そのような奇策ではなく、十分な兵力と大量の物資を集中し、長い時間を要して着実に攻略する正攻法であった。そのため、陸軍大学校側では、自らの教育方針を正当化するために、「名参謀の児玉大将が采配して二〇三高地に重点を指向すると、たちどころに要塞が攻略された」という形に戦史を作り替え、乃木大将の輝かしい業績を塗りつぶしてしまったのである。

旅順攻略戦の本来の教訓は、「陣地には陣地」、「火力には火力」で対抗するというオーソドックスな正攻法がいかに重要かということだったはずだ。しかし、その真の戦訓は陸軍大学校によって無視され、エリート参謀に都合のよい『戦訓』が独り歩きすることになった。太平洋戦争では、こうした参謀たちによって賭博的な作戦が幾度となく立案され、そのほとんどが無残な結末に終わったのである。

過去の失敗経験に学ぶのが失敗学というものだ。現実問題としては、過去の事象について自ら調査するのには限界があり、文献や研究発表から情報を仕入れることが少なくない。しかし、そうして得られた情報は、決して事実そのものではなく、『誰か』の手によって加工された情報である。

ということは、その情報の中に、『誰か』の誤解、思い込み、無知、理解不足、さらには意図的な歪曲が含まれている可能性は決して否定できない。そこに気付かなければ、過去の失敗経験から誤った教訓を引き出し、むしろ有害な結果をもたらすことにもなりかねない。乃木将軍の一件は、世間によく知られた事案であっても、真の教訓が伝承されているとは限らないことを示す格好の素材である。

それでは、失敗事例についての文献を読む際に、正しい教訓が導かれているかどうかを読者の側でチェックする手段はあるのだろうか。結論から言えば、読者自身が様々な角度から内容を吟味するしかないが、筆者が用いている簡便な識別方法を一つご紹介しよう。それは、「重大な失敗事案について、担当者個人のミスだけを問題視している文献を当てにしてはならない」というものだ。

筆者のこれまでの経験では、重大な事件や事故が生起するまでには、様々な関係者のミスが複雑に絡み合っていることが通例であり、さらにその背景には、ミスを看過し、助長し、増幅するような組織的な病巣が横たわっているものだ。したがって、そのような組織的・構造的な問題に着目していない文献は、それだけで信頼するに値しないと見るべきだろう。

# あとがき

千葉県船橋市立葛飾小学校の正門前に「五葉の松」がある。その由来は、40年以上も昔にさかのぼる。

昭和42年9月10日の朝、雨の中を仲良く登校していた双子の兄弟、柳沢富士雄君と隆敏君が自動車事故に遭って亡くなった。二人は一年六組小野木学級の生徒で、筆者の級友であった。「五葉の松」は、このような悲劇が二度と繰り返されないようにとの願いを込めて、父君の柳沢茂治氏が同校に寄贈したものだ。

「五葉の松」が小学校に通う子供たちをずっと見守り続けているように、本書が人々の足元を照らす灯りとなることを切に期待する。

本書の執筆に当たっては、危機管理システム研究学会および失敗学会の皆様、日経情報ストラテジー誌の西頭恒明氏および井上健太郎氏、そして講演活動や勉強会を通じて知遇を得た方々から、生きた情報と豊富なアイデアをいただいた。この場を借りて改めて御礼を申し上げたい。

最後に、美里と芳晴《よしはる》に本書を捧げる。お前たちの笑顔が私の支えである。

平成21年11月

樋口晴彦

## 主要参考文献・資料

第1章
〈雑司ヶ谷下水道事故〉
・東京都下水道局　『雑司ヶ谷幹線再構築工事事故調査報告書』
・日本SPR工法協会　『雑司ヶ谷幹線再構築工事における事故対策報告書』
〈三菱化学鹿島事業所火災事故〉
・三菱化学　『鹿島事業所第2エチレンプラント分解炉2F―208事故報告書』
・三菱化学　『鹿島事業所第2エチレンプラント分解炉2F―208事故に対する再指示事項報告書』
・三菱化学鹿島事業所　『再発防止対策の取り組みについて』
・三菱化学㈱鹿島事業所火災事故調査等委員会　『三菱化学㈱鹿島事業所火災事故調査等委員会報告書』
〈海上自衛隊イージス防衛秘密流出事件〉
・防衛省　『イージスシステムに係る特別防衛秘密流出事案について』
・防衛省　『秘密電子計算機情報流出等再発防止に係る抜本的対策の具体的措置について』

・防衛省改革会議『報告書―不祥事の分析と改革の方向性―』

## 第2章

〈三井物産ＤＰＦデータ改竄事件〉
・奥西好夫（２００１）「『成果主義』賃金導入の条件」『組織科学』第34巻第3号、6―17頁
・社団法人日本能率協会（２００５）『成果主義に関するアンケート調査結果』
・独立行政法人労働政策研究・研修機構（２００４）『企業の経営戦略と人事処遇制度等に関する研究の論点整理』（労働政策研究報告書№7）
・樋口晴彦（２００９）「成果主義と企業不祥事―三井物産ＤＰＦデータ改竄事件及び社会保険庁不適正免除事件に関して―」『危機管理システム研究学会（ＡＲＩＭＡＳＳ）研究年報２００９』43―55頁
・三井物産『風化させないために。』
〈日興コーディアル不正会計事件〉
・株式会社日興コーディアルグループ特別調査委員会『調査報告書』

・証券取引等監視委員会　『株式会社日興コーディアルグループに係る発行登録追補書類の虚偽記載に係る課徴金納付命令の勧告について』
〈ジーエス・ユアサ循環取引事件〉
・ジーエス・ユアサコーポレーション　『改善報告書』
・外部調査委員会　『調査報告書』

第3章

〈シンドラーエレベーター死亡事故〉
・エレベーター保守事業協同組合　『中立書』
・公正取引委員会　『三菱電機ビルテクノサービス株式会社に対する勧告について』
・公正取引委員会事務総局　『マンションの管理・保守をめぐる競争の実態に関する調査』
・社会資本整備審議会建築分科会建築物等事故・災害対策部会　『エレベーターの安全確保について　中間報告』
・社会資本整備審議会建築分科会建築物等事故・災害対策部会　『昇降機、遊戯施設等の安全確保について　とりまとめ』

・港区シティハイツ竹芝事故調査委員会　『シティハイツ竹芝エレベーター事故調査中間報告書（第2次）』

〈加ト吉循環取引事件〉

・Kotter, J. P. and J. L. Heskett, "Corporate Culture and Performance," Free Press, 1992.

・Peters, T. J. and R. H. Waterman, "In Search of Excellence: Lessons from America's Best-run Companies," Harper & Row, 1982.

・加ト吉『不適切な取引行為に関する報告等』

・加ト吉『改善報告書』

・株式会社加ト吉外部調査委員会『調査報告書』

・樋口晴彦（２００８）「組織文化論による企業不祥事の分析　―株式会社加ト吉の不適切取引に関して―」『危機管理システム研究学会（ＡＲＩＭＡＳＳ）研究年報２００８』1―15頁

〈赤福不適正表示事件〉

・株式会社赤福　『「農林水産省東海農政局に対する回答書の提出」について』

・株式会社赤福　『社内総点検に関する調査報告について』
・株式会社赤福コンプライアンス諮問委員会　『報告書』
・谷口勇仁・小山嚴也（２００７）「雪印乳業集団食中毒事件の新たな解釈　―汚染脱脂粉乳製造・出荷プロセスの分析―」『組織科学』第41巻第1号、77―88頁
・農林水産省　『株式会社赤福が販売した商品（商品名「赤福餅」）における不適正表示に対する措置について』
・農林水産省　『「赤福」に係る立入調査の結果概要について』
・樋口晴彦（２００９）「組織文化の逆機能と企業不祥事　―株式会社赤福の食品衛生法等違反事件に関して―」『政策情報学会誌』第2巻第1号39―44頁
・三重県　『「株式会社赤福」に関する調査報告書』

第4章
〈信長最大の危機・志賀の陣〉
・太田牛一　『信長公記』（角川書店）
・歴史群像シリーズ　『元亀信長戦記　―織田包囲網撃滅の真相―』（学習研究社）

〈日米英の条約型重巡洋艦の優劣〉
・福井静夫『日本巡洋艦物語』（光人社）
・『世界の重巡洋艦パーフェクトガイド』（学習研究社）
・『妙高型重巡―欧米列強を刮目させた条約型巡洋艦の奮闘―』（学習研究社）
〈乃木将軍と旅順攻略戦〉
・佐山二郎『日露戦争の兵器』（光人社）
・司馬遼太郎『坂の上の雲』（1）〜（6）（文藝春秋）
・谷寿夫『機密日露戦史』（原書房）
・別宮暖朗『旅順攻防戦の真実―乃木司令部は無能ではなかった―』（PHP研究所）
・『近代戦の先駆　日露戦争』（成美堂出版）
・『激闘旅順・奉天―日露戦争陸軍〝戦捷〟の要諦―』（学習研究社）

切りとり線

## ★読者のみなさまにお願い

この本をお読みになって、どんな感想をお持ちでしょうか。祥伝社のホームページから書評をお送りいただけたら、ありがたく存じます。今後の企画の参考にさせていただきます。また、次ページの原稿用紙を切り取り、左記まで郵送していただいても結構です。

お寄せいただいた書評は、ご了解のうえ新聞・雑誌などを通じて紹介させていただくこともあります。採用の場合は、特製図書カードを差しあげます。

なお、ご記入いただいたお名前、ご住所、ご連絡先等は、書評紹介の事前了解、謝礼のお届け以外の目的で利用することはありません。また、それらの情報を6カ月を超えて保管することもありません。

〒101―8701（お手紙は郵便番号だけで届きます）
祥伝社新書編集部
電話03（3265）2310
祥伝社ホームページ　http://www.shodensha.co.jp/bookreview/

★本書の購買動機（新聞名か雑誌名、あるいは○をつけてください）

| | | | | | |
|---|---|---|---|---|---|
| ＿＿＿＿新聞の広告を見て | ＿＿＿＿誌の広告を見て | ＿＿＿＿新聞の書評を見て | ＿＿＿＿誌の書評を見て | 書店で見かけて | 知人のすすめで |

★100字書評……不祥事は財産だ

| 名前 |
| --- |
| |
| 住所 |
| |
| 年齢 |
| |
| 職業 |
| |

樋口晴彦　ひぐち・はるひこ

1961年、広島県生まれ。東京大学経済学部卒業後、国家公務員上級職に採用。愛知県警察本部警備部長、四国管区警察局首席監察官のほか、外務省情報調査局、内閣官房内閣安全保障室に出向。1994年、フルブライト奨学生としてダートマス大学ビジネススクールでMBAを取得。現在、警察大学校警察政策研究センター教授として危機管理分野を担当。危機管理システム研究学会常務理事、失敗学会理事、組織学会、警察政策学会会員。著書にベストセラー『組織行動の「まずい!!」学』、『「まずい!!」学　組織はこうしてウソをつく』(ともに小社刊)、『企業不祥事はアリの穴から』など多数。

**不祥事《ふしょうじ》は財産《ざいさん》だ**
**―プラスに転《てん》じる組織行動《そしきこうどう》の基本則《きほんそく》**

**樋口晴彦《ひぐちはるひこ》**

2009年12月10日　初版第1刷発行

発行者……………竹内和芳
発行所……………祥伝社しょうでんしゃ
〒101-8701　東京都千代田区神田神保町3-6-5
電話　03(3265)2081(販売部)
電話　03(3265)2310(編集部)
電話　03(3265)3622(業務部)
ホームページ　http://www.shodensha.co.jp/

装丁者……………盛川和洋
印刷所……………萩原印刷
製本所……………ナショナル製本

造本には十分注意しておりますが、万一、落丁、乱丁などの不良品がありましたら、「業務部」あてにお送りください。送料小社負担にてお取り替えいたします。


Printed in Japan　ISBN978-4-396-11184-7　C0234